U0650843

劳动科学论坛2014

LABOUR SCIENCE SYMPOSIUM

本书主要由从事劳动科学研究的师生和研究人员向“第六届劳动科学论坛”提交的部分优秀论文汇编而成。本次论坛由北京物资学院和中国劳动学会共同主办，北京物资学院劳动科学与法律学院以及北京物资学院中关村人才特区人力资源研究中心承办，首都经贸大学劳动经济学院、东方慧博人力资源有限公司协办。论坛主题是“人力资本投资与人才管理创新”。在本次论坛上，来自政府相关管理部门、专业研究机构、高等学校以及企业雇主机构和人力资源中介服务机构等诸多单位的政策制定者、理论研究者、实务工作者汇聚一堂，围绕本次论坛的主题，创新思路，畅所欲言，深入研讨，提出了诸多具有理论基础和实践价值的建议和主张，这些建议有助于推动我国人力资本投资与人才管理理论与实践的创新和发展，对提高我国人力资本积累水平，促进人才全面发展具有积极的理论和现实意义。

尚　珂　唐华茂 主编

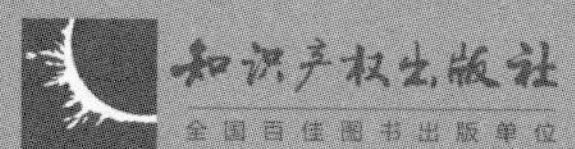

图书在版编目（CIP）数据

劳动科学论坛. 2014 / 尚珂，唐华茂主编. —北京：知识产权出版社，2015.8

ISBN 978-7-5130-3694-8

Ⅰ.①劳… Ⅱ.①尚… ②唐… Ⅲ.①劳动经济—中国—2014—文集 Ⅳ.①F249.2-53

中国版本图书馆 CIP 数据核字（2015）第 180215 号

内容提要

本书主要由从事劳动科学研究的师生和研究人员向"第六届劳动科学论坛"提交的部分优秀论文汇编而成。本次论坛由北京物资学院和中国劳动学会共同主办，北京物资学院劳动科学与法律学院以及北京物资学院中关村人才特区人力资源研究中心承办，首都经贸大学劳动经济学院、东方慧博人力资源有限公司协办。论坛主题是"人力资本投资与人才管理创新"。在本次论坛上，来自政府相关管理部门、专业研究机构、高等学校以及企业雇主机构和人力资源中介服务机构等诸多单位的政策制定者、理论研究者、实务工作者汇聚一堂，围绕本次论坛的主题，创新思路，畅所欲言，深入研讨，提出了诸多具有理论基础和实践价值的建议和主张，这些建议有助于推动我国人力资本投资与人才管理理论与实践的创新和发展，对提高我国人力资本积累水平，促进人才全面发展具有积极的理论和现实意义。

责任编辑：纪萍萍　　**责任校对**：谷　洋

责任出版：刘译文

劳动科学论坛（2014）

尚　珂　唐华茂　主编

出版发行：	知识产权出版社有限责任公司	**网　　址**：	http://www.ipph.cn
社　　址：	北京市海淀区马甸南村1号	**天猫旗舰店**：	http://zscqcbs.tmall.com
责编电话：	010-82000860 转 8387	**责编邮箱**：	jpp99@126.com
发行电话：	010-82000860 转 8101/8102	**发行传真**：	010-82000893/82005070/82000270
印　　刷：	北京科信印刷有限公司	**经　　销**：	各大网上书店、新华书店及相关专业书店
开　　本：	787mm×1092mm　1/16	**印　　张**：	11.5
版　　次：	2015年8月第1版	**印　　次**：	2015年8月第1次印刷
字　　数：	205千字	**定　　价**：	38.00元

ISBN 978-7-5130-3694-8

在第六届劳动科学论坛上的致辞

（代序）

今天我们聚集在这里，隆重举办第六届劳动科学论坛。首先，我谨代表北京物资学院，对本次论坛的隆重召开表示衷心的祝贺！对各位领导、各位专家学者的莅临，表示热烈的欢迎和衷心的感谢。

如各位所知，人力资本投资在促进人力资源的知识和技能增长、提高人力资源素质、增加人力资本存量方面起到了重大的促进作用。因此，一直以来，人力资本投资一直是政府和全社会所关注的重要问题。

在这样的背景下，第六届劳动科学论坛秉承关注现实、注重科研、回报社会、增进交流的学术理念，围绕社会经济热点问题，将“人力资本投资与人才管理创新”确定为本次论坛的主题，就具有非常重要的现实意义。

特别是，我校作为一所教育机构，对于人力资本投资问题长期以来一直保持关注。我们长年致力于人才的培养方法改善、教学效果提高、教育教学有效性提升，希望能够通过学校的教学改革在提高学生学识水平的同时增强学生的实践能力，有效提高人力资本投资回报率。

但同时，人力资本投资还包括了国家其他教育和企业培训，其投资回报还包括了国民素质提高、对经济发展的促进；对于企业员工而言还包括了职位的提升、工作满意度、文化等非货币收入。因此，今天我们汇聚一堂，打开视野、助己视听，多领域、多元视角地共同为人力资本投资和人才管理创新问题提供助力。

由此，我们也非常期待各位莅会的专家和学者们能够围绕“人力资本投资和人才管理创新”这个主题展开广泛而深入的讨论和交流，形成有价值的学术观点，推动我国人才培养的发展。

我也真诚地希望，在本次论坛上，各位专家学者既能在热烈的对话与交流中充分享受论坛的累累硕果，又能在学术的碰撞与交融中细细品味学术交流的精髓与魅力。

劳动科学论坛是一次难得的交流机会，我还希望，通过这个良好的沟通平台，不断增进我校与相关政府部门、学术团体、兄弟院校、研究机构及企事业单位的沟通与交流，进一步提升我校的科研水平和回报社会的能力。

最后，预祝第六届劳动科学论坛取得圆满成功。祝愿各位专家、学者身体健康，工作顺利，万事如意！

北京物资学院党委书记　李石柱

二〇一四年十一月一日

目　　录

人力资本投资与人才管理创新研究

企业人力资源管理研究

劳动关系与企业文化研究

社会保障研究

人力资本投资与人才管理创新研究

- 浅谈最低工资保障制度对低收入群体人力资本投资的影响
- 我国企业人才管理创新策略研究
- 人才管理创新与企业成长
- 高新技术产业人力资源的合理配置与使用研究
- 家电维修服务行业人才问题研究
- IT 行业人才管理存在的问题及其对策研究
- 大学生村官选拔中应用评价中心技术探讨
- 公共图书馆人力资源管理创新——以 C 图书馆为例
- 我国普通高校人才培养中存在的问题及策略研究

浅谈最低工资保障制度对低收入群体人力资本投资的影响

林　原*

内容提要： 最低工资保障制度对于保障低技能劳动者的基本收入、促进他们进行人力资本投资具有积极的意义。与此同时，最低工资有可能影响到低技能劳动者的就业，而失业会对这部分劳动者的人力资本投资产生负面的影响。在从以上两个方面分析最低工资保障制度对低收入群体人力资本投资影响的基础上，本文提出了科学调整最低工资标准以促进低收入群体人力资本投资的对策建议。

关键词： 最低工资　低收入群体　人力资本投资

一、最低工资保障制度及其发展概况

1. 最低工资保障制度

最低工资保障制度，是指劳动者在法定工作时间内提供了正常劳动的前提下，国家以法律形式保障其应该获得的能够维持其生存及必要的供养其家属的最低费用的制度。最低工资保障制度是国家干预劳动关系的一种手段，其可以避免劳动者虽然提供了正常劳动却不能维持劳动力生产和再生产的问题。最低工资保障制度的本质是政府为了改善低技能劳动力的收入状况而对劳动力市场进行干预的一种手段，其实质是通过强制性的立法把低技能劳动力的工资提高到这些劳动力的市场均衡工资之上，以此手段来实现某种社会公平。最低工资保障制度最初是为消除“血汗工资”而产生的，它是商品经济和现代工资制度发展到一定阶段的必然产物。最低工资保障制度的一个重要特征是运用国家法律手段强制执行，国家或地区（行业）统一制定的最低

* 林原，吉林敦化人，副教授，经济学博士，主要从事劳动经济学和人力资源管理研究。

工资保障制度不仅仅是一项工资制度，而且是一项社会保障制度。

2. 最低工资保障制度的发展概况

在资本主义迅速发展的过程中，雇主们为了攫取更多的利润，竞相压低工人的工资，使工人的工资无法满足个人及家庭生活的需要，“血汗工资”制度压榨下的工人日益贫困。19 世纪 90 年代，新西兰工会和劳工组织不断发展，工人罢工浪潮不断，这使新西兰国内社会生产力的发展受到阻碍。1894 年，新西兰颁布了《劳资协调与仲裁法》（*The Industrial Conciliation and Arbitration Act*），依据该法案，最低工资保障制度在新西兰开始施行。随后，最低工资保障制度迅速传入澳大利亚所辖部分地区，其他国家也纷纷效仿新、澳两国的做法，开始实施最低工资保障制度。1928 年，第 11 届国际劳工大会上通过了关于建立最低工资标准确立办法的《第 26 号公约》和《第 30 号建议书》。国际劳工标准中对于最低工资标准确定办法的规定，为许多国家构建适合自身的最低工资保障制度提供了参考。到目前为止，最低工资保障制度实施的历史已逾一个世纪，世界所有发达国家和绝大部分发展中国家都制定了最低工资保障制度或类似规定。

3. 我国最低工资保障制度的发展概况

我国建立最低工资保障制度较晚。1984 年，我国宣布承认旧中国 1930 年批准的国际劳工组织第 26 号《制定最低工资确定办法公约》。为适应我国社会主义市场经济的发展要求，推动劳动力市场建设与工资分配法制化，充分保障劳动者合法权益，1993 年 11 月原劳动部制定了《企业最低工资规定》。1994 年，《劳动法》以国家法律的形式确立了我国要建立最低工资保障制度。2003 年 12 月 30 日，我国《最低工资规定》正式颁布，2004 年 3 月 1 日起施行，原《企业最低工资规定》同时废止。此后，中国内地所有省、自治区、直辖市人民政府都正式颁布并实施了当地的最低工资保障制度。《最低工资规定》扩大了最低工资的适用范围，将境内企业、民办非企业单位有雇工的个体工商户和与之形成劳动关系的劳动者，国家机关、事业单位、社会团体和与之建立劳动合同关系的劳动者纳入最低工资制度的适用范围，并明确规定了小时最低工资标准。与原《企业最低工资规定》相比，《最低工资规定》对最低工资标准的决定机制进行了完善，其第 6 条规定“确定和调整月最低工资标准，应参考当地就业者及其赡养人口的最低生活费用、城镇居民消费价格指数、职工个人缴纳的社会保险费和住房公积金、职工平均工资、经济发展水平、就业状况等因素”，即将城镇居民消费价格指数、职工个人缴纳的社会保险费和住房公积金也作为最低工资标准的考虑因素。

近年来，我国各地最低工资标准不断提高，在保障劳动者基本权益方面起到了一定的作用。2014 年我国各地最低工资标准如表 1 所示。

表 1　2014 年全国各地最低工资标准统计表　　单位：元

省份	月最低工资标准	小时最低工资标准（非全日制）	实施日期
北京市	1560	16.9	2014.4.1
上海市	1820	17	2013.4.1
天津市	1500	15	2013.4.1
重庆市	1250	12.5	2014.1.1
广东省	1550	15	2013.5.1
福建省	1320	15	2013.8.1
湖北省	1300	14	2013.9.1
浙江省	1470	12	2014.1.1
山东省	1380	14.5	2013.3.1
河北省	1320	13	2012.12.1
河南省	1240	11.7	2013.1.1
湖南省	1265	12.5	2013.12.1
江西省	1230	12.3	2013.4.1
江苏省	1480	13	2013.7.1
山西省	1290	14	2013.4.1
安徽省	1260	13	2013.7.1
陕西省	1280	12.8	2014.2.1
黑龙江省	1160	11	2012.12.1
吉林省	1320	11.5	2013.7.1
辽宁省	1300	13	2013.7.1
内蒙古	1350	11.4	2013.10.1
宁夏	1300	12.5	2013.5.1
甘肃省	1200	12.7	2013.4.1
新疆	1520	15.2	2013.6.1
青海省	1070	10.8	2012.12.1
西藏	1200	11	2012.9.1
四川省	1200	12.6	2013.7.1
贵州省	1030	11	2013.1.1

续表

省份	月最低工资标准	小时最低工资标准（非全日制）	实施日期
云南省	1265	11	2013.5.1
广西	1200	10.5	2013.2.1
海南省	1120	9.9	2012.9.1

注：表中最低工资标准为各地区的高位值。

二、收入水平对人力资本投资的影响分析

人力资本是通过人力资本投资形成的，寄寓在劳动者身上并能够为其带来持久性收入来源的生产能力。❶ 人力资本投资主要包括五方面的内容：（1）医疗和保健，从广义上讲，它包括影响一个人的寿命、力量强度、耐久力、精力和生命力的所有费用；（2）在职人员培训，包括企业所采用的旧式学徒制；（3）正式建立起来的初等、中等和高等教育；（4）不是由企业组织的为成年人举办的学习项目，包括那种多见之于农业的技术推广项目；（5）个人和家庭适应于变换就业机会的迁移。❷ 人力资本投资的部分费用，如在职人员培训费用等可由雇主负担，但大部分费用则由劳动者本人及其家庭负担。劳动力市场上高技能劳动力与低技能劳动力相对工资差距和相对就业份额的变化，起着诱致人力资本投资增加和促进人力资本形成的作用。但是，只有人力资本投资的积极性，而没有人力资本投资能力，人力资本的有效形成不可能实现。影响人力资本投资能力的因素主要包括收入水平、个人偏好和文化习俗等，其中最重要的因素是个人收入水平。对于经济转型期国家的人口来说，工资收入是最主要的收入来源，工资收入对人力资本的投资和形成具有重要的作用。

1. 收入水平对教育需求的影响分析

个人的收入水平严重制约着教育需求。从经济学的角度考察，教育需求是人们对教育有支付能力的需要，是获得教育服务的愿望与对教育的支付能力的统一。决定支付能力大小的收入水平是制约教育需求的重要因素。根据恩格尔定律，一个国家（或家庭）在食品支出上所占收入比例的大小标志着这一国家（或家庭）的富裕程度，较富有者的食品支出所占比重较小。一般

---

❶ 袁伦渠：《劳动经济学》，东北财经大学出版社 2002 年版，第 155 页。

❷ ［美］西奥多·W. 舒尔茨：《论人力资本投资》，北京经济学院出版社 1992 年版，第 9～10 页。

而言，食品支出比重随收入水平提高而下降，而非食品支出比重则随收入水平提高而提高。由于教育属于非食品范畴，因此教育支出随收入水平提高而增加。按照马斯洛的需求层次理论，人们只有在基本生存得以保障之后，才有可能去满足更高层次的需要。作为人类更高层次的需求，教育需求的增加必然会对收入水平提出更高要求。一个可观察到的事实是：随着社会经济的发展，人们收入增加和生活水平不断提高，教育需求也不断增加。罗姗（2005）对重庆市居民收入与教育需求的实证分析表明，居民收入与教育消费存在着正相关性，居民对教育的消费随着收入水平的提高而增加。

同时，借贷约束的存在也影响着教育需求。资本市场借贷是人力资本投资的另一个资金来源。当一部分劳动者及其子女无法从个人收入中支付教育费用时，借贷资金就成为人力资本投资资金的另一个重要来源。由于人力资本具有不同于物质资本的特殊性，这使得人力资本投资贷款市场具有比物质资本贷款市场更强的不完备性，这种不完备性对于低收入阶层表现得更为明显。造成这种人力资本投资贷款市场不完备性的主要原因有：第一，人力资本是依附在所有者身上的知识和技能，它不像物质资本那样可以充当抵押品，在贷款出现危机时用来变现，这显然会增加人力资本贷款的风险性，降低贷款提供方的积极性。贷款提供方往往将家庭背景作为确定借款者还款能力的信号，那些出身富裕家庭的借款者的借款成本总是低于出身贫困家庭的借款者。贝克尔（1964）认为，由于人力资本不能作为质押品，所以信贷约束（credit constraint）的存在会导致低收入阶层的人力资本投资不足。第二，人力资本投资的收益既包括货币收益，又包括非货币收益。虽然非货币收益对于受教育者来说相当重要，但对于贷款提供者来说却没有任何意义。因此，贷款机构的收益率显著低于受教育者，他们提供贷款的意愿自然就降低。第三，个体人力资本的生产能力存在不确定性。个人的人力资本生产能力决定着人力资本投资贷款的偿还能力。人力资本生产能力较高的个人可以利用所获得的人力资本投资贷款，更加有效地提高自身的人力资本水平，并以未来的高收入偿还人力资本贷款。但是，有关人力资本生产能力的信息在贷款提供者和申请者之间是不对称的，贷款申请者拥有自身人力资本生产能力的信息优势。虽然贷款提供者可以对申请者的人力资本生产活动进行一定监督，但是这种监督是针对每一名申请者的，其成本高昂。因此，贷款申请者和贷款提供者之间严重的信息不对称将使贷款提供者的贷款意愿大打折扣。因此，贷款提供者更愿意接受收入状况较好的申请者的贷款请求，而对低收入者或是拒绝贷款，或是增加贷款利率，或是加重对借款者违约行为的惩罚以达到限制低收入者贷款的目的。第四，对人力资本进行投资和取得人力资本投资收益两者间存在一定的时间间隔。对人力资本的投资一般发生在投资者年龄较小时，而取得人力资本投资收益并归还贷款一般发生在投资者成年以后。较长的时间间隔增加了人力资本投资贷款的风险性和不确定性，影响贷款提供者的积极性。人力资本投资贷款市场的这种不完备性使贷款提供者一般会倾向于限制借款者的借款数量，同时也会导致借款者所支付的利息成本随着借款数量的上升而上升，这都会影响那些需要靠借贷来完成人力资本投资的个体的教育需求。❶ 正如卡德（Card，1995）的研究指出：信贷约束是存在的，并且限制了年轻人追求较高生产率工作的机会。

2. 收入水平对个人的健康投资的影响

收入差距的存在使贫困人口与中等收入群体和高收入群体在医疗保健方面的支出存在着相当大的差距。以北京市为例，考察不同收入群体在医疗保健方面的支出，如表2所示。

表2　2013年北京市城镇居民家庭平均每人医疗保健支出

收入水平	支出额（元）	占消费支出比重（%）
低收入户（20%）	1112	7.3
中低收入户（20%）	1360	7.1
中等收入户（20%）	1930	7.9
中高收入户（20%）	1812	6.4
高收入户（20%）	2295	5.4
全市平均	1718	6.6

资料来源：《北京统计年鉴2014》。

从表2中可以看出，2013年北京市城镇居民家庭每人全年医疗保健支出情况因家庭收入状况的差异而存在较大的差异。低收入户的年人均医疗保健支出为1112元，与中等收入户、高收入户的差额分别为818元和1183元。疾病是阻断人力资源健康发展的重要因素，如果没有相应的医疗保障，疾病与贫困将形成相互交替的恶性循环。各项调查显示，贫困人口的医疗需求更高于非贫困人口的医疗需求。如1998年全国卫生服务调查资料显示，城市居民在两周时间内，患病率在岗人员比例为138.6‰，下岗人员比例为155.2‰，失业人员比例为205.8‰；慢性病的患病率在岗人员比例为175.7‰，下岗人员比例为195.9‰，失业者比例为342.9‰，下岗人员和

❶ 许学军：《技术进步、收入分配、人力资本形成——以东亚与拉美为例的分析及对中国问题的启示》，经济科学出版社2003年版，第85～88页。

失业人员的医疗需求高于在岗人员。[1] “看不起病”已成为我国城市贫困人口的现实状况，经济困难已成为贫困人口患病就医的最大障碍，更成为阻碍贫困人口人力资本存量积累、人力资本收益增加的最大障碍。

三、最低工资保障制度对低收入群体人力资本投资的积极影响

计划经济向市场经济的转型使企业在工资决定中拥有了更大的自主权，而中国目前劳动力供过于求的状况进一步导致了雇员尤其是底层的低技能劳动者在工资决定中处于绝对的弱势。低技能劳动者由于存量大、供给弹性大、可替代性强，在工资谈判中明显处于不利地位。在这种“强资本、弱劳动”格局中，底层低技能劳动者所获得的报酬有可能不足以维持其自身和所赡养家属基本生存的需要，人力资本投资的需要更是无法得到满足。一项对广东省流入农民工的收入调查表明，有 53.3%的农民工的月收入在 400～500 元，[2] 这些农民工在低工资水平下艰辛劳作，还经常被克扣和拖欠工资。韩兆洲等（2006）对广东省外来工的工资情况进行调研时也同样发现了大部分外来工工资偏低的现象，43.3%的外来工的月收入不到 800 元，74.6%不到 1000 元，甚至有 1.6%的外来工收入不超过 400 元。东莞某鞋厂一名打工者表示，和他 10 年前进厂时相比，月工资只增加了 100 元，这还算是好的，有些工人增加还不到 100 元。过去 10 年广东经济持续增长，外来青年民工对广东省 GDP 增长的贡献率高达 25%以上，但 10 年间广东农民工工资每人才增长了 60 多元钱，扣除物价上涨因素，实际上工资是下降的。[3] 在这种情况下，通过最低工资保障制度对劳动者获取合理劳动报酬的权益给予保护，有利于提高低收入群体的收入水平，从而使低收入群体有能力进行人力资本投资，对改善我国整体的人力资本存量具有积极的意义。

还有一点需要指出的是，在发展中国家，需求方和制度性因素形成了劳动力市场的二元分割，而劳动者的人力资本水平进一步强化了这种劳动力市场的分割。美国经济学家皮奥雷（Piore）于 1970 年提出的“二元劳动力市场”理论（dual labor market）认为，劳动力市场可以划分为主要部门和次

[1] 刘苓玲：“论收入分配的公平与人力资本投资的公平”，载《重庆工学院学报》2006 年第 6 期，第 80 页。

[2] 曾牧野：《市场经济与科学发展观》，中国经济出版社 2005 年版，第 172 页。

[3] 郑功成：“广东民工实际收入还不如十年前”，载《中国青年报》2006 年 3 月 8 日。

要部门，主要部门提供的工作工资高、工作条件优越、工作稳定、安全性高，且个人升迁机会多，主要部门的劳动力市场是一级市场；与此相对应，次要部门提供的工作则不具备上述特征，其劳动力市场是二级市场。“二元劳动力市场”模型的假设之一就是多数工人无法负担高额专业培训成本，而不得不屈从于低技能职业。在经济发展的过程中，对技能的需求不断提升，低技能劳动力的工资水平相对于社会平均工资水平来说必然越来越低，他们的人力资本投资能力必然会越来越低，其人力资本形成变得更加困难；然而，对于高技能劳动力来说，不仅其就业能力日益增强，工资水平越来越高，而且他们可以以自身的人力资本为要素参与剩余分配，更增强了他们的人力资本投资能力。大量低收入群体的存在已经成为经济转型期的中国所必须面对的一个事实。信贷约束限制了这些低收入人群的人力资本投资能力，工资收入成为大量低收入群体进行人力资本投资的资金来源。如果无法通过有效途径保障这部分低技能劳动者的收入，那么这部分低收入人群的人力资本投资能力将大大降低，他们摆脱贫困将变得更加艰难。

四、最低工资保障制度对低收入群体人力资本投资的消极影响

最低工资保障制度对于提高低收入群体的人力资本投资能力有着积极的意义。但同时也要注意到，如果最低工资标准调整不科学，提升得太快，也可能对低收入群体的人力资本投资产生消极的影响，而导致这一影响的主要因素是最低工资标准调整所带来的就业效应。

传统的经济学理论认为，在完全竞争劳动力市场中，工资应由劳动力的供给和需求来决定，不需要政府运用最低工资标准进行干预。政府人为制定的最低工资标准往往会高于市场均衡工资水平，从而形成最低限价，这往往会导致一系列不良后果：企业对劳动力的需求下降，劳动力供给增加，从而会扩大劳动力供求之间的缺口，导致雇用数量下降和失业率上升。最低工资保障制度改变了市场机制的运行结果，只有得到工作的幸运者才能够享受政府最低工资标准的好处。

国外许多学者进行了大量的实证研究，分析了最低工资标准对就业产生的影响，但研究结论却大相径庭。大多数研究者相信，最低工资保障制度是政府对劳动力市场的一种干扰，而且最低工资高于劳动力均衡市场工资，就会导致对劳动力的需求减少，从而使失业人数增加，尤其是年轻人中失业人数的增加（Colberg，Marshall R，1960；Douty，H. M，1960；Brozen，Yale，

1962；Mincer，Jacob，1976；Trapani，John M，1981；Cox，James C，1986；Neumark，David，1992）。也有部分学者基于实证研究指出，最低工资保障制度的施行对就业所造成的负面影响并不像想象中严重。这些学者的研究也使得人们逐渐认识到，最低工资对就业的影响是一个较为复杂的问题，从理论上说，最低工资是增加了总就业水平还是减少了总就业水平并不明确（Betsey，Charles L，1981；Adams，F. Gerard，1987；Brown，Charles，1988；Card，David，1992a；Card，David，1992b；Currie，Janet，1993）。

近年来，我国学者对于最低工资标准提高影响就业的程度也进行了一些尝试性的研究。李晓芳（2006）采用固定效应模型就最低工资标准对农民工就业的影响进行了研究，认为最低工资保障制度对农民工就业有积极的影响。张凌（2006）研究了最低工资对青少年就业的影响，指出在 GDP 较低的地区，最低工资对青少年就业有正向的影响，在 GDP 居中的地区，最低工资对青少年就业有负向的影响，而在 GDP 较高的地区，二者之间无明显的相关性。罗小兰（2007）的研究指出，最低工资标准对农民工就业的影响存在一个阈值区间，在阈值之前，最低工资标准的提高将对农民工就业产生积极的作用，而超过了该阈值之后，则会产生负面的影响。石娟（2009）的研究指出，最低工资标准的提高对我国总体就业水平有负影响，但影响力度很小，同时这种影响因地区经济发展水平不同而存在差异。

虽然学者们对于最低工资标准提高是否影响就业的问题并未达成一致，但可以肯定的一点是，如果最低工资标准太高，企业从利润最大化的角度出发，势必会减少劳动力需求，从而对劳动力市场的就业情况造成负面影响。当这些低收入群体失去了就业机会的时候，他们的收入肯定会受到很大的负面影响，进行人力资本投资的能力也会大大降低。同时，一些低收入劳动者在就业的时候还可以接受用人单位在职培训，而他们一旦失业，在职培训的机会也就此丧失。因此，在我国最低工资标准的调整中，确立科学的调整机制非常重要，以避免对底层低收入劳动者的就业产生负面的影响。

五、结论与政策建议

最低工资保障制度对于保障低技能劳动者的基本收入，促进他们进行人力资本投资具有积极的意义。但同时也应该看到，最低工资标准有可能导致低技能劳动者失业，进而对他们的人力资本投资产生负面影响。在转型的过程中，通过人力资本投资改善劳动者的知识能力素质，是推动我国经济发展的重要源泉。政府部门应对最低工资标准进行科学调整，以保障低收入群体人力资本投资的现实需要。

首先，将人力资本投资费用作为最低工资标准调整的重要参考因素。《最低工资规定》中第6条对确定和调整月最低工资标准的参考因素定位为“当地就业者及其赡养人口的最低生活费用、城镇居民消费价格指数、职工个人缴纳的社会保险费和住房公积金、职工平均工资、经济发展水平、就业状况等因素”，其中未提及人力资本投资费用。目前我国普遍存在着人力资本投资不足的现象，其中以教育培训投资不足最为严重，那些收入仅能满足个人及家庭基本生活需要的劳动者，往往没有能力进行本人及其家属教育培训方面的人力资本投资。最低工资标准的调整应考虑到教育培训费用，以满足社会经济发展对素质合格的劳动力的需求。

其次，应成立最低工资标准专业委员会，为政府部门制定最低工资标准提供科学依据和建议。最低工资标准在保障劳动者劳动报酬权的同时，有可能对底层低技能劳动者的就业产生负面影响。在最低工资标准制定的过程中，需要对最低工资标准的数值进行科学的测算，以避免或减轻其对就业的负面影响，在满足低收入群体基本生活需要的基础上，满足他们的人力资本投资需求。政府部门受到专业限制，往往很难单独制定出科学合理的标准。借鉴成熟市场经济国家在最低工资决定机制方面的经验，可以成立由劳动者代表、企业代表、最低工资保障相关领域专家学者组成的最低工资标准委员会，为政府行政决策提供咨询。为了保障最低工资标准的制定能够平等反映劳资双方的意见，委员会中应包括数量相等的劳动者和企业代表。为了提高最低工资标准决定的科学性，最低工资标准专业委员会应包括一定数量的专家学者。政府部门可以在从事收入分配、劳动力市场、社会保障、宏观经济等领域研究的学者中遴选最低工资标准委员会成员，并将成员基本情况进行公示，供社会监督。

最后，引入三方协商机制，调整政府定位，发挥工会组织和雇主组织在最低工资标准制定过程中的作用。成熟市场经济国家在最低工资标准制定的过程中，三方协商机制发挥了重要的作用，从而使最低工资标准体现了劳资双方的意志。与西方国家的三方协商不同，我国的三方协商机制是在政府的强力推动下行政干预的结果，从其诞生伊始便具有明显的政府主导特色，政府不是充当了雇主的角色，就是主导了工会的行动，工会组织与雇主组织作用的发挥受到约束。在三方协商机制中，政府所扮演的角色更多的应是依法居中调解，履行宏观平衡职能，促进劳资双方的沟通与协商，既考虑到雇员的基本生活需要和人力资本投资需要，又考虑到雇主的现实承受能力。

（作者单位：北京物资学院劳动科学与法律学院）

参 考 文 献

[1] 汪东平. 建立最低工资标准保护劳动者的基本生存质量 [J]. 煤矿现代化，2001 (4).

[2] 张五常. 最低工资种祸根 [N]. 南方周末，2000—11—15.

[3] 薛兆丰. 最低工资法不可取 [N]. 21 世纪经济报道，2004—11—18.

[4] 林行止. 慎行最低工资制度 [N]. 信报财经新闻，2002—10—12.

[5] [美] 西奥多·W. 舒尔茨. 论人力资本投资 [M]. 北京：北京经济学院出版社，1992.

[6] 罗姗. 对重庆市居民收入与教育需求的回归分析 [J]. 统计与决策，2005 (23).

[7] 许学军. 技术进步、收入分配、人力资本形成——以东亚与拉美为例的分析及对中国问题的启示 [M]. 北京：经济科学出版社，2003.

[8] 侯风云. 中国人力资本形成及现状 [M]. 北京：经济科学出版社，1999.

[9] 李忠民. 人力资本——一个理论框架及其对中国一些问题的解释 [M]. 北京：经济科学出版社，1999.

[10] Neumark，David，and Wascher，William. Employment Effects of Minimum and Subminimum Wages：Panel Data on State Minimum Wage Laws [J]. Industrial and Labor Relations Review，1992 (46)：55—81.

[11] Betsey，Charles L.，and Dunson，Bruce H. Federal Minimum Wage Laws and the Employment of Minority Youth [J]. American Economic Review，1981 (71)：379—384.

[12] Card，David. Using Regional Variation in Wages to Measure the Effects of the Federal Minimum Wage [J]. Industrial and Labor Relations Review，1992a (46)：22—37.

[13] Card，David. Do Minimum Wages Reduce Employment? A Case Study of California，1987—1989 [J]. Industrial and Labor Relations Review，1992b (46)：38—54.

我国企业人才管理创新策略研究

燕闪闪　李广义*

内容提要：知识经济时代企业间竞争的实质是人才的竞争，企业人才管理工作的好坏从一定程度上直接决定了企业核心竞争力的强弱。在创新已经成为时代特征的背景下，企业人才管理创新是企业其他创新的前提和基础，是企业保持其核心竞争力的法宝。本文分析了新知识经济时代对企业人才管理提出的挑战，指出了目前我国人才管理的现状及存在的一系列问题，提出了企业人才管理不断创新的思路及策略建议。

关键词：人才管理　创新　人本化

知识经济时代的企业间竞争基本可以视为人才的竞争，无可替代的人才资源是企业获取和保持核心竞争力的关键资源。身处瞬息万变的商业环境，如何高效地引才、用才、育才和留才是企业始终如一关注和研究的重大课题。在创新已经成为显著的时代特征背景下，企业人才管理创新也迫在眉睫，毕竟企业不可能只靠高薪去争夺人才、留住人才。在这一背景下，本文就企业人才管理创新策略提出笔者的见解。

一、知识经济时代对企业人才管理提出新挑战

在知识经济时代，人才及其带来的独特的智力资本优势是企业的核心竞争力。同时，在全球经济一体化、信息网络化下的大数据和云计算、组织变革等各种力量的冲击下，知识经济时代下的企业人才管理应运而生出一些新的特点，这些新的特点对企业人才管理也提出了新挑战。

* 燕闪闪，河南许昌人，硕士研究生，研究方向为人力资源管理。李广义，陕西大荔人，教授，研究方向为人力资源管理与社会保障。

1. 人才控制着雇佣关系的主动权

知识经济时代占据就业市场主动地位的是人才，就如经济学中处于买方市场的顾客，人才可以根据自己的职业理想去选择有利于自己长远发展的企业和职业，而不是单向地由企业选人才。这个新特点决定了企业要想招聘到优秀的人才，不仅仅是要考虑这个岗位要招什么类型的人才，更要考虑企业能给人才提供什么。例如，有人竞聘销售部经理这个职位，相比薪酬待遇，他可能更关心的是他对销售部的整体管理运行是否拥有决定权，如果企业规定销售经理没有这个权限，那估计待遇再好，他也会放弃这个职位。原有的那种以为高薪一定会吸引和留住人才的做法，已经慢慢不符合时代的要求了。

2. 人才是企业最重要的客户

在知识经济时代，人才不再单纯是企业花钱买来创造利润的会思考的工具，而是决定企业能否发展下去并且发展好坏的核心资源。因此，人才是企业最重要的客户。这个新特点警示企业，不要认为拥有了人才就万事大吉了，要想调动员工的积极性为企业创造最大收益，企业必须要以开发维护客户的思维对待人才。换言之，企业应该将人才管理视为一种营销工作，即企业要从人才需求出发，通过提供令人才满意的资源和服务来引进、留住、激励和开发企业所需要的人才。

3. 企业与员工的战略合作伙伴关系

在新时代下，企业与员工之间的关系不仅仅是雇主与雇员之间的劳动关系，而是以劳动关系和心理契约为双重纽带的战略合作伙伴关系。新特点就要求企业管理者对于人才的管理必须要从机械地依靠制度去约束员工的做法中解脱出来，要对人才实行人本化管理，多考虑人才的内在需求，多关注员工的心理，以便能较全面、较准确地了解到员工心理并对其加以引导，从而为公司带来效益。

4. 人才的国际化竞争

随着全球经济一体化、信息网络一体化和人才一体化，一场没有硝烟的人才争夺战在世界人才市场上如火如荼地进行着，而这也导致人才流动率逐步增加。这个新特点给企业管理者带来了三点启示：第一，企业的招贤纳士不仅要考虑本国的优秀人才，还可以挖掘世界各国的优秀人才；第二，企业一定要有一定的人才储备，这样可以降低人才流动给企业带来的损失；第三，企业在防止人才流失方面不仅要防止国内企业挖墙脚，也要警惕外国企业，同时，这也意味着企业管理者一定要有全球思维，多多学习世界各国优秀企业的人才管理理念、制度、方法和体制等。

5. 人才塑造依赖于社会化的培养

知识经济时代的知识更新速度远远超出学校培养人才的速度，这就意味着等学生从学校毕业进入社会，学生性的人才可能已经落后了，想靠好学校、高层次教育一劳永逸地享受高待遇的想法已经是过去式了，他们要想适应社会发展并且能够获取一定成就，持续性地接受社会化培养是最佳途径。现在社会上的各种网络化课程、各种培训班都给人才持续学习提供了很好的平台。学校塑造了人才的基本框架，自学式的或是单位提供的社会化培养充实了人才的骨架，通过接触不同类型的社会化培养，人才可以真正了解自己的潜力所在。可以说，人才的塑造依靠学校教育和社会化培养，且社会化培养起着决定性作用。这个新特点给管理者两点启示：第一，招聘人才唯学历至上的原则是短视行为；第二，管理者一定要明白人才的培养是一种长期投资而不是一种消费或者浪费，为员工提供持续性培养是开发挖掘员工潜力的重要手段。

二、我国企业人才管理的现状及问题

社会的整体发展有一个明显的客观事实，即经济发展处于引领地位，在此基础上，政治、文化、环境等方面逐步发展。在这种发展模式下，企业的类似产量、利润的经济指标往往会先有显著的增加，而企业制度之类因素的发展或者改革则相对滞后。知识经济时代给企业提供了很多好的发展机会，但企业的人才管理存在的问题却阻碍了企业的发展。

1. 企业人才管理过程中缺乏与时俱进的企业文化

随着各项改革的日益深化，大部分的企业管理者已经认识到企业文化的导向、凝聚、融合、激励等作用的重要性，从一定程度上塑造了符合大环境的企业文化，但现实中很多企业的企业文化的实质和精髓仍然是人才要尽可能多地为企业创造利润并且少向企业索取，其表现在制度上强调员工的服从和遵守而忽略人才自主性，利益分配上注重组织利益而忽略了人才利益，长远发展上注重企业效益的增加而忽略人才成长，管理者与员工的关系大多是过多的控制和监督而缺乏沟通和鼓励。这种文化对知识经济时代的人才而言，消极作用要远远大于积极作用，与人才控制雇佣关系的主动权、人才是企业最重要的客户等新的时代特点是背道而驰的。

2. 片面的人才招聘原则和落后的填补式招聘理念

现实中有些综合条件相对比较好的企业的招聘条件里首先会明确标注学历要求，如只收“985”或“211”院校学生、只收研究生等，即便那份工作普通学校学生或者本科生也能完成。就拿银行柜台工作为例，这份工作普通本科生一般都可以完成，但有些银行招聘柜台工作人员，却只招重点高校学生，暂且不谈关于其公平性问题，就“985”或者“211”院校学生的工作能力是不是一定比普通院校学生工作能力强这个问题的答案就是不确定的。这种唯学历至上的片面化招聘原则忽视了对企业长期发展起决定作用的人才潜力。另外，现实中很多企业的招聘原因大部分都是出现人员空缺不得不招。很显然，这种填补式的人才招聘存在因招不到人而面临工作暂时无人做的风险。另外，日益增长的流动率很有可能增加这种填补式的招聘次数，这会加剧企业的人才缺失风险。

3. 人才培训缺乏持续性和针对性

现实中大部分企业的人才培训有如下特点：第一，培训是为了应付某个特定的工作；第二，培训是大锅饭性质的，没有考虑到人才的差异性；第三，把培训视为一种消费而不是一种长期投资，没有制订符合人才自身特点的培养计划和职业生涯发展规划；第四，培训工作流于表面形式，培训、使用、考核相脱离，结果则是参加培训者不当回事，甚至不参加培训，这种缺乏持续性和针对性的培训不符合知识经济时代人才的培养模式。在知识经济时代，知识的更新速度超乎想象，只有通过持续不断地更新学习，人才能力才能得到提高，人才潜力才能得到挖掘，进而提高企业的竞争力。

4. 人才激励的个性心理差异考虑不足

学术界已经成熟的激励理论有很多，如马斯洛的需要层次理论、赫茨伯格的双因素理论、弗鲁姆的期望理论、斯金纳的强化理论等。这些理论的基本观点是激励，主要包括物质激励和精神激励。现实中企业的激励基本就是包含这两方面，但是死板地套用激励理论，没有考虑到人才的心理差异性，结果只能是东施效颦。例如，一个撒玛利亚人冒着危险去营救某事故中的受害者，如果受害者对他说：“谢谢，给你一些钱作为你的辛苦费吧!”那么，这个撒玛利亚人或许会感到自己受到了侮辱，因为对于撒玛利亚人而言，他们做好事的心理基础是内在的责任感，而不是获取回报。因此，人才激励一定要充分考虑到个性心理差异。

5. 人才晋升缺乏定量化标准

企业内的非正式组织是客观存在的，如企业中的各个老乡小团体、校友小团体等。现实中企业人才的晋升大多没有量化标准，往往都是依靠上级推荐、同事评价，这种晋升模式使得非正式组织的作用被发挥得淋漓尽致，这种现象在那些从家族企业模式发展起来的企业尤为明显。晋升是人才能力得到认可的外在表现形式，缺乏公平性的人才晋升制度会极大地削弱人才的积极性，在人才主导的知识经济时代，人才得不到恰当的认可只会导致人才流动，公平合理、任人唯贤的晋升原则不仅可以提升人才的工作积极性，还能吸引外部优秀人才。

6. 人才评价依据的合理性不够充分

论资排辈是中国的一个传统现象，即使在21世纪的知识经济时代，现实中大部分企业的人才评价还有论资排辈的烙印，如人才评价过分看中资历、职称、官位级别、学历等，而不是以能力和业绩为核心依据。

三、我国企业人才管理创新策略的对策及建议

知识经济时代的人才是企业的核心资源，人才管理是企业管理的核心环节。面对新环境、新形势，创新企业人才管理是时代所需。结合知识经济时代对人才管理提出的新挑战和企业人才管理存在的问题，本文对我国企业人才管理的创新提出了以下的策略：

1. 强化人才管理的人本化理念

古代“水能载舟，亦能覆舟”的道理说明，老百姓的支持是国家兴旺发达的源泉。随着知识经济时代的来临，人才的战略性作用日益得到重视，党的十六大提出了“尊重劳动、尊重知识、尊重人才、尊重创造”的基本方针，知识经济时代的人才决定着企业的竞争力，强化人才管理的人本化理念是企业利用人才为组织创造效益的前提和保障。强化人才管理的人本化理念，主要从两点来理解：第一，将“以人为本”作为企业文化的核心，强调人才价值的实现，促进个人目标与组织目标之间的协调与融合。第二，企业要坚持人本柔性管理理念。在知识经济时代，知识很重要，拥有知识、利用知识创造效益并且能创造新知识的人才当然是最重要的，人才资本是企业的核心资本，管理者必须深刻认识到人才资源对企业的基础性、战略性、决定性和前瞻性作用。新时代下，人才控制着雇佣关系的主动权，企业与员工的关系是战略合作伙伴的关系，人才是企业的客户。在企业人才管理的过程中，要想引才、聚才、用才、留才，企业管理者必须坚持人性化和柔性化的管理理念，树立为企业人才服务的意识，尽可能地为企业人才提供优越的工资福利待遇、人性化的工作环境、公平合理的绩效考核体系和晋升机会，不断改善企业人才的工作和生活条件。

2. 把人才的实用性与储备式的招聘理念有机结合起来

招聘是企业获取人才的最直接方式，其重要性就不言而喻了，新时代要求企业必须创新招聘策略。第一，人才招聘应该破除唯学历至上的原则，学

历更多说明的是学习态度和学习理论的能力，并不代表人才创造价值的能力，更不能说明其发展潜力，而企业的长期发展取决于人才的发展潜力和可塑性。因此，企业招贤纳士要具有前瞻性的眼光，以学历为参考，以能力为核心，以发展潜力和可塑性为关键，通过针对性的人格测验、心理测验等方式来检测人才的现有能力、发展潜力和可塑性等这些对企业未来发展起决定性作用的人才特质，从而做出是否录用的判断。第二，企业的人才招聘要突破单纯的填补式招聘并且更高层次地提升到高瞻远瞩性的人才储备招聘。企业现行的填补式人才招聘方式存在因招不到人而工作暂时无人做的风险。另外，现在的人才竞争已经是国际化，不管是主动式的跳槽还是被动式的被挖，人才的流动是企业不得不面对的一个大问题，有一定的人才储备是防患于未然的比较好的办法，虽然从短期来看，这种人才闲置会产生成本，但一旦发挥作用，其收益会远远大于其成本。

3. 注重人才的持续性与差异化培养

拥有了人才，但不去开发、挖掘其潜力，这是巨大的浪费。事实证明，培养是提升人才能力和挖掘人才潜力行之有效的方法。新时代下，人才的塑造依靠学校教育和社会化培养，且社会化培养起着决定性作用。因此，要想获得持续的竞争力，企业必须要注重人才的持续性与差异化培养。首先，企业应该结合人才的职业生涯发展规划，尽可能地为人才设计有益于其长期发展的培养计划；其次，进行有差异、分层次、有重点的人才培养计划和人才滚动开发计划，对急缺人才加快培养，对有发展潜力的人才重点培养，对卓越管理人才优先培养，对青年人才全面培养；最后，根据企业的战略发展规划，有针对性地结合不同岗位以及不同工作内容对人才进行培养，使人才至少具备一项无可替代的专业技能。

4. 强化激励制度中人才的个性心理差异因素

已经成熟的激励理论有很多，但企业在运用激励机制时，需注意两个问题。第一，把员工的薪酬与其绩效挂钩的奖励性薪酬激励制度并非是万能的。美世咨询公司发现，在接受调查的2600位美国员工中，只有28%的人认为他们公司实施的奖励计划对他们产生了激励作用。在实施此类计划的组织中，83%的公司认为它们的这种计划仅仅取得了一点点成效，甚至根本就没有产生效果。第二，物质报酬的核心实质上是心理激励，对人才激励时，管理者要注重人才的个性心理差异因素，因为面对同样的奖励，人才的反应并不相同。心理学家德西在反激励理论中提出，外在报酬有时可能会削弱一个人的内在动机，前面提到的撒玛利亚人就是最好的例子。因此，对于那些内在动机很强的员工，设计物质奖励是要非常谨慎的，以免贬低和削弱他们出于责任感而积极主动地做好工作的意愿。

5. 构建符合企业实际的人才晋升机制

鲇鱼效应说明一定程度的竞争可以给企业带来活力，在实践中，企业更应该关注的是这种竞争的公平性，不公平竞争的危害比没有竞争的危害更大。企业要构建公平合理的人才价值评价体系，做到唯才是举、任人唯贤，确保人才晋升制度的公平性和合理性。这种公平、公正、公开的人才竞争机制最容易激发人才的正义感和积极性，并且让人才看到奋斗的方向，为了在企业中获得一定成就，人才一定会最大限度地施展个人能力和才华。

6. 构建以能力和业绩为依据的人才评价制度

人才评价的基本原则是公平，企业人才评价的依据一定是能力和业绩，而不是官位级别、职称、资历和学历。需要注意的是，不同类型人才的评价指标是不一样的。例如，管理类人才的评价指标应为企业整体效益这类综合性指标，营销类人才的评价指标应为业务量或者业务额，操作类人才的评价指标应为生产率。另外，现有的评价体系有很多，企业一定要酌情选择，确保适当有效。

知识经济时代，企业创新是企业发展的重要动力，人才管理创新作为企业创新的基础，可以为企业招纳优秀人才，最大限度地开发和培养现有人才的潜力，从而为新时期企业的可持续发展提供智力支持和人才保证。人才管理创新通过提升企业人才整体竞争力来提高企业绩效，最终实现企业价值最大化。

（作者单位：北京物资学院劳动科学与法律学院）

参考文献

[1] 李丹. 企业人才管理的策略研究 [J]. 承德职业学院学报，2007（3）：71－72.
[2] 王兴华，王俊华，马晓波. 企业人才管理创新的基本策略 [J]. 人才瞭望，2003（12）：18.
[3] 何祥成. 论企业人才管理存在的问题与对策 [J]. 中国市场，2013（30）：74－75.
[4] 孙平. 企业创新呼唤人才管理的创新 [J]. 武汉冶金管理干部学院学报，2001（2）：23－25.
[5] 李锡炎. 论人才管理创新的价值目标和主要任务 [J]. 天府新论，2005（5）：80－83.
[6] 邹清选. 人力资源管理创新初探 [J]. 湖北社会科学，2011（1）：104－105.

人才管理创新与企业成长

李　晗*

内容提要： 在激烈的市场竞争中，企业竞争的关键因素就是员工，企业之间的竞争归根到底是员工的竞争。一直以来企业较为看重人才招聘方面的竞争，在人才管理方面较为传统和大众，各个企业间对人才的管理大同小异，要想企业在竞争中获胜，必须对人才管理进行创新，努力探索科学有效的人才管理手段，建立与企业发展相适应的人才管理发展战略，同时也能促进企业成长，使企业成为不断进步的成长型企业。实现人才管理创新，提高企业整体效益，是企业可持续发展的动力之源、活力之本。

关键词： 人才管理　创新　企业成长

人才作为企业的第一资源，也是企业最核心的资源。企业的竞争归根结底是人才的竞争。企业管理的重点从对物的管理转到对人的管理，已是现代企业创新管理的一个重要趋势。人才已经不再习惯于硬性的被管理，其对公司的管理也有了自己的看法和要求。本文通过人才管理创新，建立人才培育和管理的有效机制，来造就高素质的企业人才队伍。科技革命带来了信息化、技术化的社会，对人类自身提出了更高的要求，对有效利用和开发及科学地管理作为“第一资源”的人提出了挑战。组织要在激烈的竞争中求得立足与发展，应借鉴国外先进的管理经验，在人才的配置、使用、激励、开发等方面进行创新，促进企业不断成长。

一、人才管理创新的国内外相关研究

1. 国内关于人才管理创新的研究

有关管理创新的定义，不同学者也有不同的看法。王祖成在《世界上最

---

* 李晗，河北石家庄人，硕士研究生，研究方向为人力资源管理。

有生命力的管理——创新》一书中指出，管理创新就是根据客观规律和现代科技发展的态势，在有效继承的前提下对传统的管理进行改进、改革、改善和发展。管理创新包括管理思想、管理观念、管理理论、管理制度、管理机制、管理体系、管理组织机构、管理模式方法及管理人才的培养组织等方面及其组合的创新。而我国著名的管理学者蒋明杰教授将管理创新定义为创造一种新的或更有效的资源整合范式，这种范式既可以是新的有效整合资源以达到企业目标的全过程式管理，也可以是某方面的细节管理，至少可以包括以下五个方面的情况：一是提出一种新的经营思路并加以有效实施，如果经营思路可行就是一种管理创新；二是设计一个新的组织机构并使之有效运作；三是提出一个新的管理方式、方法，它能提高生产效率，协调人际关系或能更好地激励员工；四是设计一种新的管理模式；五是进行一项制度创新。还有学者认为管理创新就是在建立和完善扎实的管理基础工作、加强实物资源和有形资产管理的同时，不断采用适应市场需求的新的管理方式和管理方法，以人为本，重点加强知识资产管理、机遇管理和企业战略管理，有效运用企业资源，把管理创新与技术创新和制度创新有机结合起来，形成完善的动力机制、激励机制和制约机制。企业管理创新包括思想与理念创新、经营战略创新、组织结构创新、管理制度创新、管理机制与模式的创新、运作流程创新、技术与方式方法创新、市场与产品创新等内容。管理创新是决策层创新、执行层创新和操作层创新的全方位有机结合。由上可知，从不同的角度定义管理创新有一定的差异，但是总的来看，都看到了管理创新是一种新的资源整合方式。

2. 国外关于人才管理创新的研究

（1）人力资源配置模式。国外在人力资源配置上，主要依赖外部人才市场。国外具有组织上的开放性特点，人才市场机制在人力资源配置中发挥着基础作用。政府和企业需要的各种人才都可以从市场上获取，通过双向的选择流动，实现全社会范围内人才和岗位的最优化匹配。作为人力资源的需求方，几乎任何时候所需的任何人才，都可在人才市场上通过规范的程序招聘或通过有目标的市场竞争获取，组织中不需要的或过剩的人员，流向人才市场。作为供给方的人力资本拥有者，会根据自身条件选择职业，即使从业后对自己的潜能有了新的认识，或有了更理想的岗位，也会从容迁移。

（2）人力资源使用模式。国外在人力资源使用上，重视竞争、重能力而不重资历。国外企业重能力，不重资历，对外具有亲和性和非歧视性。人才晋升的依据主要是工作绩效考核而不是工作年限。员工如果有能力，有良好的工作绩效，就可能很快得到提升和重用。这种用人原则，拓宽了人才选择面，增加了对外部人员的吸引力，强化了竞争机制，创造了能人脱颖而出的机会。

（3）人力资源激励模式。国外在人力资源激励上，以物质刺激为主。国外多是多种族、多民族组成的移民国家，民族文化较多地偏重于以个人为中心，强调个人的价值，主要以个人为激励对象，极为强调物质刺激的作用，认为员工工作的动机就是为了获取物质报酬。国外管理者可以不向员工说明某项工作的意义，但必须说明此项工作的操作规程，员工可以不理解工作本身的价值，但必须把工作完成好才能获取相应的报酬。

（4）人力资源开发模式。国外在人力资源开发上，以职业培训为主。企业对员工培训工作极为重视，尤其是在专业方面的培训不遗余力。为了适应高科技发展的趋势，国外开展了形式多样的职工在职培训和继续教育。

二、人才管理创新的基本条件

1. 具有适才的体制和环境

适才也就是建立和完善人才选择、使用以及发展的良好环境。人才管理的环境和秩序是人才顺利成长以及合理使用的基础。只有建立了这个基础，人才的各种管理手段才能是有效的。

2. 具有求才的基础和渠道

我们所说的求才是指通过各种渠道去争取优秀人才。一方面，要扩展人才来源的相应社会基础，确保政府从社会中能够广泛争取优秀人才，要通过公开、公平、公正的竞争，采取择优录用人才的方式；另一方面，对于优秀人才要敢于委以重任，开辟功绩考核以及晋升唯功的发展路线。

3. 敢于大胆用才的胆识

对已经获得和选用的人才，要通过一定的管理措施合理地使用，做到用人不疑，最大限度地发挥人才的潜能，做到人尽其才。通过用好人才以求得到人才和留得住人才。

4. 持续培养教育做好育才

在使用人才资源的同时，还要对人才资源进行不断的开发以及培养，使人才适应社会发展的需要。当前育才的主要方法是多层面的人才的培训以及继续教育。

三、人才管理创新的意义

实行人才管理创新，一方面对于员工自身而言，有助于员工自身能力素质的提高，使员工有更好的事业生涯。另一方面对于企业而言，企业是以人为依托的，创新人才管理机制是保证企业可持续发展的动力之源，企业人才的提高才是企业不断成长的关键。人才是企业的第一资本。“国际竞争，说到底是综合国力的竞争，关键是科学技术的竞争，科学技术的竞争实质是人才的竞争。”随着社会主义现代化建设的不断发展，科技不断进步，市场竞争愈来愈激烈，企业对人才素质的要求也愈来愈高，市场经济的竞争最终体现在人才的角逐上。谁拥有一支高素质的人才队伍，谁就有了成功的基础。因此，当务之急，加强人才管理创新是企业管理创新的核心。现代企业管理的重点从对物的管理转到对人的管理，是企业创新管理的一个重要趋势，人既是管理的手段，又是管理的内容；既是管理的对象和客体，又是管理的主体和动力。现代企业管理的创新，科学管理体制的创立，归根到底要靠一大批搞活大中型企业的将才、帅才来实现。

四、创新人才管理方法

人才管理创新有很多管理办法，在提高员工素质和能力的同时，也是企业在不断成长不断创新，下面针对我国企业对人才管理的特点，主要从以下几个方面阐述人才管理创新的措施：

1. 重视员工职业生涯管理

2012 年，国务院发展研究中心发布的人力资源报告指出，企业普遍存在的问题是未能为员工做好职业生涯规划。员工是企业的资本和核心竞争力，员工职业生涯的发展提高，不仅是员工自身发展的需要，也是企业在竞争中立于不败之地的需要。一个企业的核心竞争力就是人，当今企业的竞争已经是人才的竞争，企业有义务对自己的员工提供很好的事业生涯规划，开发其最大潜力，帮助其取得成功。这样才能得到员工的信任和向心力，长期留在企业中，随之，企业的竞争力会大大提高，吸引人才，留住人才。

企业员工职业生涯管理是结合企业发展需要，并对员工个人进行能力、技能、素质和奋斗计划目标的了解，再与员工部门领导进行沟通，为员工定制职业生涯规划，并为实现员工职业生涯规划做出指导和支持，提供各方面条件，争取达到设定目标。

第一，职业生涯管理首先要考虑到员工个体的差异，从而更有效的开发每个员工的潜力，提高员工使用效率。员工职业生涯规划不是空想出来的，也不是梦想和理想，其必须要经过科学的手段分析员工自身特点和需求，制订每位员工特有的规划。

第二，根据员工特点和自身追求为员工选择多元化职业生涯发展通道，可以是专业方向发展，也可以是管理方向发展。假如，一名员工自身专业能力很强，但缺乏领导和管理能力，可以为员工设计专业化的职业发展方向，而不会将目标定位为培养他成为一名管理者，这样则会多了一个一般而蹩脚的管理者，少了一位资深的业务专家。

第三，职业生涯管理要将企业目标和员工自身目标相结合。企业目标和员工目标是否相匹配决定了企业目标能否发挥其真正作用。这样每位员工的目标实现了，企业整体的目标也会实现，带来的是利润的上升，同时，员工的薪酬和绩效奖金也会提高，这种良性循环，会使员工士气高涨，自然会减少人才流失现象发生。职业生涯管理实际上是将企业和员工结合，实现员工和企业的共同进步，最终达到企业和员工的双赢，两者如同船和桨，相互作用，乘风破浪，一起前进。

2. 完善培训机制

培训是根据企业自身的战略特点和人才需要，对员工有计划地实施培养和训练活动，使其能力素质、知识技能有所提高，并使其具有更好的工作行为、工作态度和价值观，开发出员工潜在的能力，适应不断变化的新局面，从而使其在工作上的各方面均有所提高。国外彼得·圣吉《第五项修炼》就提出：应用学习型组织的企业将会是未来成功的企业，在将来，企业唯一持续的竞争优势就是，比你的竞争对手学习得更快、更强。

一开始通过学习，然后再自我修炼，最后升华提升，维持持续的竞争优势，从而在激烈的市场竞争中获胜。企业要在竞争激烈的金融业中获胜，就必须建立人才投资、人才培养理念，建立和完善培训机制，为员工的自身发展创造和提供条件，使员工更有动力地工作，积极性高涨，从而使效率提高，向心力增强，自然而然员工离职现象就会减少发生。

杰克·韦尔奇指出："培训支付的成本是一定的，但培训带来的成效则是无穷的，不可估量的，培训能够带来多大的效果，要看企业是怎么操作培训。"因此，很多企业成立了自己的商学院或大学，例如华为大学、惠普商学院、海尔大学等，都加大了在人才培训和培养上的投资，使大多数员工接受到较先进和较全面的体系化的培训，给员工的发展空间和成长希望。

总而言之，企业要把培训作为企业的核心竞争力，把提高员工的价值作为根本。加大培训投入，开展多样化培训方式，使培训发挥其真正作用，而非表面上的简单培训，真正为员工成长和提高能力铺路，这样才能让员工看到自身提升和发展，更好地为企业服务，不会想到离开自己的企业。

3. 通过柔性管理改善工作带来的消极情绪

企业应注重利用丰富多彩、让人轻松的活动来缓解单调和高压的工作给员工带来的巨大负面情绪。柔性管理应该应用到企业的管理中，注重心理和精神层面的关心。企业可以建立弹性工作制度，在工作之余开展丰富多彩的活动。针对企业女性职工较多的特点，为女性员工提供灵活的生育、哺乳制度，可以让女性员工轮流在周五下午提前两小时下班购物，增加大家积极性。在日常活动中，可以开设各种健身课程，例如瑜伽课、网球课、篮球课等增进员工感情，释放工作压力。为员工营造一个具有人情味的工作环境和人际氛围，每天开心地工作，增加员工满意度和组织承诺度，以留住企业优秀员工。

4. 建立差异化的福利制度

随着经济的发展，企业对员工福利的改善越来越重视，投入也越来越多，管理层应该更好地利用福利增加给员工带来的激励作用，切实地留住人才，而不仅仅是保障员工的基本生活。企业应该从多方面进行改革来充分发挥员工福利的积极作用。

第一，建立弹性福利体系。与传统福利体系不同的是，弹性福利体系为员工提供了不同福利选项供其选择决定，方便员工根据自己的实际需求选择福利待遇，充分照顾了员工的个人需要。弹性福利体系相当于为员工提供了一份福利“自助餐”，由于福利待遇是一种必需品，福利体系应当实现全面覆盖、低的标准，确保员工的基本生存保障。作为基本福利的补充，特种福利可以提供多种组合，在合理规避逆向选择风险的情况下，以供员工结合自身特点选择。

第二，创建合适的集体福利，缓解企业员工的压力。为所有员工提供公共设施，方便其生活工作，如干净卫生的食堂宿舍、宽敞明亮的办公室等；为员工提供文娱活动条件，如健身房、阅览室和游乐设施等。著名的IT公司谷歌为员工提供了多种多样的福利条件，比如室内运动场所，包括篮球、足球、乒乓球和羽毛球等，同时为员工提供了生活设施保障，如医疗保健、心理健康、洗衣理发等多种多样的生活条件。

第三，根据企业特点建立特有福利制度。不同企业有不同的特点，其相应的福利侧重方面也不同，企业应根据自身特性为员工建立特有的福利制度。例如一些会计事务所加班多、出差多，于是这些企业为那些每周工作超过正常时间 10 小时的员工提供额外食宿补助、医疗福利、心理治疗等，这些福利虽然并不是很优厚，但是会让员工感受到加班的付出得到了企业的认可，是对他们工作的激励，同时也形成了一种积极的公司文化和企业凝聚力认同感。一些 IT 公司如谷歌等，为员工提供所谓的死亡福利，对于工作期间去世的员工，其配偶在之后的 10 年内可以享受到该员工半数的薪酬，同时其子女每月也可以领取一定的补助直到年满 19 岁。而微软则是向旗下约九万名的全职员工每人送出一部诱人的手机，一方面鼓舞士气，另一方面也进行了产品推广。

第四，建立人性化的福利体系。比如生日礼物，单送个蛋糕或礼品可能普通些，可以加上一个贺卡，上面有老总的亲笔签名的贺词。比如为员工开设可爱的文具小屋，员工可以每周从文具小屋里挑选一件自己喜欢的文具，包括可爱的杯子、漂亮的笔筒、舒适的 U 形枕、设计精美的笔等，这些福利的成本很小，但会使员工感觉到这是一个有爱的大家庭，有这样的氛围，人员流失情况会降低很多。

第五，增强企业的凝聚力和员工的归属感，提升企业整体的认同感。对于企业文化的内涵，著名经济学者于光远先生认为："关于发展，三流企业靠生产，二流企业靠营销，一流企业靠文化。"企业文化不是生产力，不能直接为企业带来收益，但企业文化通过增加员工的认同感和归属感，为企业生产力提供了思想保障。企业，要以总行、分行及支行的整体意见为指导，结合每个单位当地特点，建立所有员工高度认同、符合企业价值观的企业文化。管理决策层要根据企业发展的不同阶段，结合员工意见，对企业文化进行适度修改。一个良好的企业文化氛围可以促进企业良性发展，得到更广泛的社会认同，有助于吸引和留住优秀人才。对此 IBM 人力资源部总监周晶深有感触："现在决定人才能不能留下的因素已经不仅仅是高工资了，大家庭般的融入感才是人才留下的主要原因。"所以企业应以情感作为员工和谐的纽带，尽管企业工作普遍压力大、任务重，但应让员工快乐工作，对企业文化产生认同。

可以通过举办员工亲属互动活动，如"家属游乐会"，即对于业绩优秀的员工可奖励家庭三名成员一起旅游；"子女关爱日"，即员工这天可以带子女上班。为了增进同事间的沟通和交流，增进同事感情，可以开展"秘密朋友"活动，是指随机配对两名同事，两名同事的身份互相保密，互不知道对方是谁，两个人彼此通过关心的邮件和友情提示的信息还有小礼物的互相赠送让对方感受到这个秘密朋友的存在，隔一个月再重新配对，这样就使公司充满团结友爱的氛围，这样的企业文化拉近了同事间的距离，营造了良好的企业文化氛围。

（作者单位：北京物资学院劳动科学与法律学院）

参考文献

[1] Mobley W H. Intermediatelinkage in the relationship between job satisfaction and employee turnover [J]. Journal of Applied Psychology，1977 (2)：237－240.

[2] 陈敏，时勘. 工作满意度评价及其在企业诊断中的应用 [J]. 中外管理导报，2001 (10)：56－59.

[3] Hulin. C. L，P. C. Smith. Sex Differences and Job Satisfaction [J]. Journal of Applied Psychology，1964 (48)：122－124.

[4] 周三多 陈传明. 管理学 [M]. 北京：高等教育出版社，2000.

[5] 梁念慈. 用企业文化创造企业和谐 [J]. 科技信息（科学教研），2007 (25).

[6] Frederick W Taylor. The Principles of Scientific Management [M]. New York：Harper-Row Publishing House，1911：13－14.

高新技术产业人力资源的合理配置与使用研究

闫海洋　任　吉*

内容提要：本文首先深入分析了我国高新技术产业人力资源的发展历程，继而发现了在人力资源工作中存在的主要问题，最后经过深入思考提出了适合我国现阶段高新技术产业人力资源的合理配置与使用的对策建议。本文对于指导高新技术产业人力资源的合理配置具有一定的参考价值，希望能为其提供帮助。

关键词：高新技术产业　人力资源　合理配置

一、引言

随着知识经济全球化的到来，对于高新技术产业而言，要想在激烈的竞争环境中取得一席之地，人才是关键。人才是高科技企业的灵魂，如何调动员工的积极性，最大化地挖掘他们的潜力，对人力资源进行合理的配置与使用就显得异常重要。高新技术产业对国民经济发展的推动作用日趋重要，其发展的程度已经成为衡量一个国家和地区竞争实力和发展潜力的重要标准之一，高新技术企业的财富其实源于人力资源，具有专业能力与创新精神的人才才是企业最宝贵的资本。

二、高新技术产业人力资源的特点

1. 工作自主性较强

由于高新技术产业员工属于一种知识型员工，他们拥有知识资本，因

* 闫海洋，河南驻马店人，硕士研究生，研究方向是人力资源管理。任吉，北京人，副教授，博士，主要研究方向为劳动经济学、人力资源管理。

此，他们在组织中的独立性和自主性较强，他们更倾向于一个自由宽松、自主支配的工作环境（程霖，2004）。他们希望企业能给他们较大的思考空间，对他们不要管得太严、太死，他们不想被组织的条条框框所限制。他们有明确的目标和清晰的价值取向，他们希望在实现组织目标的同时，也能实现自我的人生追求。高新技术企业的员工有强烈的实现自己才能的欲望，他们追求自身价值的实现。他们一般对本专业领域较感兴趣，所以即使企业不给他们施加压力，他们也会倾向于努力地在本专业领域做出一些成就。

2. 人员素质较高

高新技术企业中的员工大多受过高等教育和专业的技术培训，他们拥有较高的学历，有着相应的专业知识和技能，拥有大学本科及以上学历的员工在高新技术企业中所占比重较高，博士、硕士及科研人员在职工总人数中所占比重明显大于其他企业。

3. 人员流动性高

高新技术企业中最稀缺的资源不是资金、设备，而是拥有知识、技能和创新能力的人才。当员工觉得在本企业工作不能实现自身价值的时候，他们往往会选择离开。高新技术企业的职工构成趋向年轻化，大部分员工年龄集中在30岁左右，他们对未来充满期望，同时也肩负着家庭的生活负担。因此，如果企业不能及时满足他们的要求，或者不能采取有效的激励措施来激励他们，那么员工的离职意向就会增加，这对企业来说是极为不利的。

三、高新技术产业在人力资源工作中存在的主要问题

1. 对人力资源管理不够重视，缺少人力资源规划

目前，我国的人力资源较为丰富，大学毕业生逐年增多，因此，有些高新技术企业就会不重视人力资源工作，认为有很多后备人才。但是，我国人力资源质量的两极分化较为明显，平均的质量水平较低，使企业造成“找人比找资金、找设备容易”的表面现象（楼建设，2014）。由于劳动力的素质不是很高，高素质拔尖的人才还是很少的，如果不重视人力资源管理，企业将会难以吸引高素质人才，或者造成企业内部员工的流失。我国高新技术企业的创业者大多是从科研机构、高等院校出来的科技人员，对如何管理企业知之甚少，经营者往往对人事部门的作用认识不足，重视不够，忽视对人的管理。

人力资源是企业组织生存发展的命脉，任何企业的发展都离不开优秀的人力资源和人力资源的有效管理。“人力资源规划”是企业人力资源配置的

前期性工作，是一个对企业人员流动进行动态预测和决策的过程，它在人力资源管理中具有统领与协调作用（孙忠庆，2013）。有些高新技术企业忽视对人力资源的合理规划，轻视对员工的培养以及开发他们潜力的重要性。这是因为很多企业只注重眼前的利益，没有长远规划，缺乏合理的人力资源规划。这些企业并不考虑本企业的人力资源状况以及本企业的人力资源体系能否有效地支持企业发展的战略，直到人力资源阻碍企业发展时，才进行人才招聘、员工培训等，这对企业的发展极为不利。

2. 缺乏有效的激励手段

激励机制是调动员工生产积极性，使企业员工统一意志，朝着同一个方向努力的关键环节，同时也是实现企业人力资源创新的关键。但是，就目前我国企业激励制度的建立现状来看，还有很多不尽如人意的地方。高新技术产业人才整体专业素质不高，结构不合理，人才流失严重。高素质的管理人才和高水平的技术人才的缺乏已严重制约了我国高新技术企业的健康发展，企业员工在工作中缺少激情与动力，在工作中得过且过，使工作效率下降，企业效益减少，这在很大程度上与企业激励措施不当有关。许多企业没有建立科学的薪酬体系，考核机制不够完善，缺乏严格、系统、科学的评定手段，不能按照科学的理论分析工具来分析员工的不同需求，更无法设计出针对员工不同需求的不同激励措施，激励措施单一，缺乏文化精神激励机制。

高新技术企业中的高技术人才所追求的“自我实现”的精神价值较之普遍企业中的一般人才更强烈，他们所追求的“个人价值”的实现往往使得他们更愿意去那些给他们带来理想条件与环境的企业中寻求自我人生的发展。同传统企业的员工相比，知识型员工有一种展示自己才能的强烈欲望，他们从事创造性的脑力劳动，不仅是为了工资报酬，还为了发挥自己的专长，成就事业，实现自己的价值（张明，2013）。有些高新技术企业的人力资源政策不科学、激励措施不到位、缺乏适应个体需求，使员工特别是技术人才和管理人才的个性需求很难被满足，从而容易造成宝贵人才的流失。企业员工高频率的引进与流失不仅增加了成本，而且大大降低了现有员工的工作积极性。由于对员工激励的随意性或非制度性，许多老板都存在很棘手的“跳槽”问题。企业缺乏凝聚力，员工缺乏归属感，在一定程度上影响到员工的士气和忠诚度，势必影响企业的长远发展。

3. 人力资本投资不足，缺乏规范的培训体系

人力资源是资本而不是成本，对人力资源的投资是非常重要的。现如今高新技术企业中的高素质管理人才和高水平科技人才存在较大缺口，一般人员却过剩，企业发展所需人才引不进、现有人才留不住的现象持续存在，人

力资源相对短缺，大量潜在的人才等着各企业去发现、去挖掘（马威、陈宝峰，2001）。

有些高新技术企业由于资金的限制和意识的缺乏等原因，对员工培训的投入很少，更有不少企业面临培训无计划、投入低效益等问题，挫伤了企业培训人员的积极性。很多企业对员工培训没有引起足够重视，可是，重视对员工的培训，已经成为著名企业发展和壮大的利器，同时还存在的一个问题就是培训观念错位，有些高技术企业仅仅把培训资金作为企业的成本而非长远投资。有的企业根本就不搞培训，有的企业则是对培训资金加以控制和节约，舍不得在培训上花钱。高新技术企业与传统的企业相比有一个重要不同点在于所需人力资本的高层次性和人力资本对高新技术企业运行效率的关键作用。有些员工本身就不熟悉自己岗位的情况，再加上公司不能定期地给职员进行培训，不能很好地学习最新的知识，这就造成了职员一直不能很好地熟悉本职位的工作要求。不少企业把对员工的培训看成是企业成本的增加，忽视了培训是企业实现管理的工具，是促进企业发展和实现经营管理目标的手段（杜丽红、万鹏龙，2007）。

四、实现高新技术产业人力资源优化配置的对策建议

1. 建立优秀的企业文化

企业文化的核心内容，主要是指企业内部具有统一的思想、意识、精神、信仰和价值观。企业文化所蕴含的管理哲学和企业核心价值形成的企业人格，对于企业的经营行为起着至关重要的作用。每一个企业都有自己的企业文化，这是企业员工所形成的共同价值观的体现，它能够增强员工的自豪感，同时也能够增加企业的凝聚力与向心力。联想、华为作为我国高新技术企业发展的成功典范，仔细观察这些企业的成长历程，我们不难发现这些企业的发展道路、发展模式虽然各有不同，但是他们却具有一个共同点，就是这些优秀的企业都有属于自己的特有的企业文化。建立良好的企业文化是高新技术企业参与竞争的核心竞争力，是企业可持续发展的必由之路。企业文化是企业的灵魂，是推动企业发展的不竭动力。

优秀的企业文化不仅能吸引人才、留住人才、培养人才，更能增强企业的整体竞争力，使企业向整个社会展示自己良好的管理风格、经营状况和积极的精神风貌。高新技术产业员工除了追求经济利益以外，还追求精神上的满足，客观上要求管理层与被管理层之间形成互动、协调的关系。企业文化可以通过其自身的同化作用、规范作用和融合作用来增强企业的凝聚力。将

企业员工紧紧联系在一起，同心协力，共同奋斗。良好的企业文化可以实现对员工立体式、全方位的激励，目的是激发员工工作的主动性、积极性和创造性。企业文化的激励功能更能最大限度地激发员工的积极性和首创精神，而这些对于高新技术产业来说无疑是至关重要的。高新技术企业要根据企业的发展情况以及经营状况做出相应的人力资源管理对策，要加强企业对人才的培训以及对人才开发的支持力度，减少企业本身文化层次差距，培养大批专业技术员工以及管理人员，提高他们的素质，发挥企业优秀的企业文化，提高员工的工作积极性，从而提高企业的经济效益。

2. 建立有效的工资体制与激励机制

高新技术企业要从长远规划，建立科学的人才引进制度，引进企业真正需要的合理的人才，建立有竞争性的薪酬体系与科学完善的激励机制。合理的报酬是满足员工需求的基本手段，差异化的工资策略是保证员工积极性的重要措施。科学的激励机制既能有效地吸引人才，又不会增加企业的负担。由于高新技术企业的人才资源具有层次性，因而激励手段也应多层次、多元化，以适应不同层次人员的心理和生活需要（许洋，2009）。根据每个员工的需求来制订相应的激励机制，可以提高员工的工作积极性和工作效率。建立技术创新激励机制，要把技术创新能力作为企业一个重要的考核目标，加强科技奖励制度建设，激励科技创新，把科技创新作为重要的奖励标准，激发科技人员的创新热情，不断壮大技术创新队伍，使企业的核心竞争力有一个质的提升。由于高技术企业的员工一般具有较高的知识层次、较强的工作能力，所以其激励方式不能是简单地单纯进行外在的物质激励，而应该在重视物质激励的同时，更要重视内在的精神激励，通过竞争机制，有利于形成企业内部“比、学、赶、帮、超”的良好氛围，调动他们向更高、更宽、更广的领域探索的积极性。

3. 加大人力资源开发力度，提高管理水平

高新技术产业人力资源开发和管理要走规范化、科学化、制度化的道路。所谓规范化、科学化，就是要建立一套标准化的人力资源管理制度，减少操作的随意性（李巍，2003）。根据本企业的实际情况来正确运用科学的人力资源管理方法，而不是盲目植入他人的经验。所谓制度化就是说企业要不断地、持续性地进行人力资源的开发与管理，形成一种良好的顺承性，不能随便间断。企业只有重视对人力资源的开发与管理，才能让员工认识到自己在企业中的地位与价值，从而可以调动员工的积极性，增加他们对企业的归属感，也有利于吸收更加优秀的人才。每个企业都必须制订一系列符合其战略和现状的人力资源政策与实践（德斯勒，2007）。企业要投入相应的资

金来支持人力资源相关部门的工作，加大对人力资源的开发力度，提高管理水平。

4. 重视对员工的培训

培训和开发在优化企业人力资源、全面提升企业竞争力的过程中至关重要。通过合理的培训，充分发掘企业员工的潜力，可以使企业获得高速的发展。高新技术企业要制订严格的培训计划，保证培训计划的实施，对参加过培训的员工要根据其表现，把培训的绩效与员工的个人薪酬、晋级、晋职等结合起来。企业要改变过去那种只用人而不培养人的观念，加强对员工的教育和培训工作，从而提高企业员工整体素质，增强他们的创造力，提高高技术企业知识性员工的水平（方留，2005）。有计划地开展对员工的教育和培训是企业人力资源发展的一项重要工作，加快培养科技人员、管理人员是高新技术企业发展的关键，培训不仅可以提升职工的技能和智力，还可以激发员工的活力，培育员工的忠诚度，从而达到提高企业绩效的总目标。

高新技术企业应该真正认识到人员培训在人力资源管理中的重要性，坚持把培训工作摆在关系企业生存发展的重要地位上，以完善规章标准、构建培训机构为重点，制订完善的培训计划、内容、制度等，建立培训系统，完善培训体制，从而更好地推动高新技术产业的良好发展。

五、结语

高新技术产业人力资源的发展经历了传统的人事管理、人力资源管理的探索期、人力资源管理的系统深化期。现阶段高新技术产业发展迅速，但在人力资源方面还存在一些不足之处，比如企业对人力资源管理不够重视，缺少人力资源的长远规划，缺乏对员工有效的激励手段，人力资本投资不足，员工缺乏培训等。高新技术产业要想优化人力资源的配置，应该注重建设优秀的企业文化，建立有效的工资体制与激励机制，加大人力资源开发力度和培训力度。总之，高新技术企业中最重要的资产是人，要真正做到知人善用，还需要根据企业的实际情况，采取适合企业自身的人力资源策略和手段，从而实现高新技术产业人力资源的合理配置与使用。

（作者单位：北京物资学院劳动科学与法律学院）

参 考 文 献

［1］程霖. 高新技术企业人力资源管理问题研究［D］. 安徽大学，2004.

［2］楼建设. 浅析企业人力资源的合理配置［J］. 中国商贸，2014（28）.

［3］孙忠庆. 企业人力资源的合理配置与使用研究［J］. 发展，2013（3）.

［4］张明. 如何进行人力资源的合理配置［J］. 科技致富向导，2013（27）.

［5］马威，陈宝峰. 我国企业人力资源发展存在的主要问题及对策探讨［J］. 中国农业大学学报（社会科学版），2001（3）.

［6］杜丽红，万鹏龙. 高新技术产业的人力资源制度改革与创新［J］. 中国改革，2007（10）.

［7］许洋. 我国人力资源管理发展经历的阶段及未来发展趋势［J］. 中小企业管理与科技（上旬刊），2009（4）.

［8］李巍. 我国高新技术产业发展的人力资源开发研究［D］. 哈尔滨工程大学，2003.

［9］［美］加里·德斯勒. 人力资源管理［M］. 北京：中国人民大学出版社，2007.

［10］方留. 高新技术产业人力资源激励问题研究［D］. 合肥工业大学，2005.

家电维修服务行业人才问题研究

吴一东[*]

内容提要： 家电产品价格的日趋平民化和“家电下乡”等惠民政策的出台，让家电产品悄然走进了百姓的生活，成为民众生活中不可缺少的一部分，而与家电产品一同成长的家电维修服务业也已然成为国民生活过程中的关键性问题。伴随着行业的发展，人才问题成了当前家电企业所关心的首要问题。本文从不同的角度对家电维修服务行业的人才问题进行原因分析，并提出相应的政策建议。

关键词： 家电维修服务　人才问题　人才待遇　留人难

当前家电维修服务业中存在着种种的乱象，从体制、监管机构方面到整个行业市场以及经营者行为方面处处存在着问题和不规范，虽然国家和地方制定了很多法律法规，但仍然没能对家电维修服务业起到应有的规范作用。为了对家电维修市场进行规范，商务部于 2012 年 8 月 1 日开始实施《家电维修服务业管理办法》（以下简称《办法》），致力于解决家电维修服务业的种种乱象，但仍然没能从根本上解决问题。

面对诸如家电行业竞争激烈、维修人员普遍待遇较低、行业前景普遍不看好的整体行业形势，家电维修服务行业正面临着“行业内人才流失严重，资格证书、培训制度实施不理想”的境遇，与此同时，相关的职业学校和相关专业也面临着“生源不足，培养成本高，专业人才重新择业”等问题，本文试图从不同的角度分析家电维修服务行业的人才问题的原因进行分析评价，总结出相应的问题，并提出相对应的对策建议。

* 吴一东，山东烟台人，硕士研究生，研究方向为流通经济与法制。

一、家电维修服务行业人才问题的原因分析

目前，鉴于家电维修服务行业整体“小、散、乱”的格局，行业内维修服务人员学历层面多以职高生或企业、社会培养的短训班学员为主，大专院校的 IT 类很少[1]，维修人员方面断层，70 后为资深主体，从业人员流动性大，人才市场长期供不应求，行业内部的这些人才问题在现实中具体表现为企业方面留不住人，学校方面招不到人，体制规定不完善等方面问题，这些因素相互作用，又进一步加剧了家电维修服务行业的混乱。

鉴于家电维修服务的行业问题，维修成本较高，虽然部分消费者会选择更换新产品。但大多数情况下，维修的成本远低于更换新家电的成本，在整体经济成本的驱动下，家电维修业的市场依旧广阔。也正因家电维修专业人才的维系，这一部分市场需求的空白得以填补。综合考虑需求、资源利用和家电产品普及的大背景等方面的问题，行业内对人才需求量较大，长期的人才供不应求导致家电维修服务行业乱象频发，消费者的权益无法得到保护。

1. 从业人员待遇差，社会认可度不高

（1）社会和企业方面对从业人员缺乏相应关注度

受全球经济大环境的影响，家电行业目前的发展态势并不景气。而“价格战”一直是很多商家的竞争手段，家电价格不断降低，利润空间缩小。商家对于销售的关注度远高于售后维修服务，维修业的利润空间被挤压，直接导致了从业人员的收入难以提高。据了解，企业方面越来越多地将盈利的重要方面转到售后服务方面，通过提高维修零配件的价格和维修费用来增加企业所需要的利润，但维修从业人员的薪酬和福利并没有得到提高，始终处于被忽视的地位。

在现代企业里，维修工人承担了复杂的技术劳动，必须具有较高水平的技术知识和技能。对于家电维修服务人员来说，仅仅掌握最基本的几种产品的结构、性能及装配调整技能是远远不够的，还要求维修人员能够迅速分析和排除故障。其工作难度和强度要比我们所想象的还要高，根据按劳分配的原则，笔者认为提高维修工人待遇是需要尽快解决的政策性问题。

随着生活成本的日趋上涨，从业人员的待遇问题得不到解决。许多维修

---

[1] 据中国家电维修协会的《家电服务维修行业从业人员基本状况抽样调查报告》显示，维修行业从业人员文化水平较低，高中以下学历者高达 80％以上，其中文化程度在大专和本科以上的占 15.7％，高中、职高、中专、技校、初中及以下的占到 84.3％。

企业并没有任何绩效考核机制，工资长期一成不变，单独从事维修行业无法维持正常运营。家电厂商长期以来“按件计费”、不考虑人工成本升高的薪酬制度和极其严格的服务考核体系，加重了维修人员的负担，当前的维修人员仅仅靠维修工作无法保障其生活条件，于是滋生了许多问题，如维修人员兼职其他工作，或者取得大企业维修证件之后辞职去做个体经营，再如通过不开发票等方式收取顾客提成，甚至有的维修人员迫于生活压力，走上倒卖“二手”零配件的道路。种种迹象都表明，提高从业人员待遇，是维修行业企业方面亟须解决的问题。

(2) 社会认可度低导致学校招生困难

目前，从家电维修行业从业人员的组成成分来看，60 后和 70 后是主力，80 后占了其中的一小部分，而 90 后的身影更是少见。造成这个局面的原因，主要是消费者对于服务价值的不够认可。据某高级技工学校家电维修类专业高级讲师介绍，学校从建校时就开办了家电维修相关专业。20 世纪 80 年代末至 90 年代末因家电维修从业人员的收入较高，成为家电维修专业招生情况最好的 10 年，很多大专、本科院校都相继尝试开办家电维修方面的专业。但是进入 2000 年之后，很多厂商开始将售后服务逐级铺开，并向乡镇延伸，私人家电维修点的生存空间被挤占，直接导致了该专业的招生下滑，很多高校纷纷取消了这类专业。2005 年以来，该专业的招生凸显出日趋严峻的趋势，80 后对维修工种感兴趣的不多，90 后更是屈指可数，他们普遍认为“学维修技术，辛苦和枯燥，毕业之后收入也不会高”。[1]

家电更新换代速度快，周期一般是半年至一年。要与时俱进，培养出一流的人才，学校在设备更新上需要投入巨大的资金。然而，在招生时，很多家长和学生都说这个专业学习难度大，毕业之后也拿不到高薪，不愿选择。加之，从此类职业学校近五年的统计数据来看，该专业的毕业生仅有 30% 左右的人会坚持干与本专业相关的工作，其余的 70% 都改行了。即使学校方面想将家电维修相关专业办成学校的王牌专业，为企业输送更多的优秀技术人才，但是在面临招生艰难、生源不足、办学成本高及专业技术人才改行比例大等问题时，如果没有政府相应的政策性、制度性的鼓励和支持，也无法实现。如何合理引导大众舆论，对相关的行业进行扶持，才是有关部门解决问题的关键决策点。

2. 行业法规缺乏对从业人员权益的保护

家电维修服务行业的法规虽然相继出台，且体系在不断地充实和完善之

---

[1] 资料来源：“家电维修业发展面临人才问题”，载《云南日报》2012 年 6 月 14 日刊。

中，但对于从业人员的权益保护方面仍然没有做出明确的规定。以高危维修作业为例，现实施工中并没有足够的安全措施去保护从业人员，在家电维修的旺季，一半以上高空维修作业都是临时的，发生意外的情况屡见不鲜，而在这一点上，《办法》规定："应当具备从事相应维修活动的职业、技术资质。从事高处作业、焊接与热切割作业、制冷与空调作业、电工作业、危险化学品安全作业等特种作业的人员，应具备国家规定的特种作业资格，执证上岗。涉及特种作业的家电维修经营者，其负责人和安全管理人员，须进行相关安全责任培训。"不难看出，此处并没有明确指出从业人员所需要的技术资质，降低了家电维修从业人员的准入门槛，导致在家电维修行业内，许多无资质"山寨"维修点渗透社区内部，不考虑相关的诈骗行为，通过低廉的价格进一步压缩了正规从业人员的工作机会和空间。

由于整个行业"小、散、乱"的整体格局，使得对从业人员的权益保护问题更加凸显。随着产品的自动化、智能化，设备故障的查找、定位和排除也变得越来越复杂，亟须提高维修人员维修技术水平，普及资格证书和资质认证制度，同时在行业法规和业内规范方面做出切实保护从业人员的利益的规定。

综上所述，维修行业内的人才流失问题，一方面需要政府加大对企业的鼓励和对从业人员的关注和补贴，另一方面需要相关企业建立激励机制，提高从业人员待遇。

二、家电维修服务行业人才问题的解决对策建议

1. 完善行业法规和标准，切实保障从业人员的权益

家电维修行业属于服务行业，虽然近些年得到了快速发展，但由于标准的缺失，人们无法对企业服务的专业性、规范性做出准确的评估，在一些负面报道的影响下，人们甚至对家电维修行业缺乏信任和安全感。标准的建立不仅对于企业的生存、发展意义重大，对于提升行业形象也是影响深远。因此，实行标准化建设需顺应企业、行业需求。从政府管理的角度来看，现代市场经济对于政府的行业监管越来越强调间接管理——通过标准、规则的制定和政策的发布予以管理、引导、调控。而行业标准通常由行业商会或者协会主导，企业积极参与制定，能够更好地发挥协会和企业的自主性，更能贴近企业、行业发展的实际，更好地促进行业健康发展。

家电维修服务行业整体呈现"小、散、乱"的格局，行业内私企、个体户比例高，从业人员受教育水平相对不高，而服务又具有较强的主观性，其

效果往往取决于顾客的满意度，不太容易客观量化，因此，主动实施标准的意识不强。同时，各地方性维修服务标准存在差异，而国家有关标准数量少、实用性不强、标准过时共同反映出行业标准建设的不足。从服务业标准化建设角度看，由于服务业标准化引入我国的时间并不长，相关的理论和实践尚处于不断积累之中，尤其是在服务业标准体系化的建设方面还有许多空白地带，服务标准的宣传贯彻、实施方面也存在许多不足。因此，家电维修服务业的标准化只能是通过在行业主管部门的指导下，由行业协会和企业共同制定、推广，不断细化标准的制定，并借助市场竞争机制的作用，采取措施鼓励标准的贯彻和实施。

此外，当前现有的培训设备和师资水平落后于家电行业发展至少10年，政府资质认证所选取的教材难与世界接轨，维修人员的维修水平与家电维修服务中需要具备的专业人员素质要求差距比较大，大部门从业人员没有取得相应的国家职业资格证书，家电维修服务的质量很难保证，现实中家电产品的复修率很高，折射出培训中的标准规定问题亟待解决。唯有通过不断完善行业内的法规和标准，同时加强对于从业人员，尤其是从事高危作业的人才的保护，细化对于保护措施的规定，通过保障从业人员权益，让人才留在这个行业。

2. 建立激励制度，提高对从业人员的关怀

对于企业来说，一方面，应该增加对从业人员的关注度，为从业人员创造良好的工作环境，面对生活成本的日益增加，物质报酬和激励已然成为人才是否继续从事相关工作的关键因素，合理的工资报酬和激励能够满足从业人员的生活需要，提升人才的生活质量和满足度，加强人才“留下来”的意愿。与此同时，企业可以为人才提供一些福利，如解决子女上学、户口、住房等方面的问题，这样既能满足从业人员长期留在城市发展的愿望，又增加了企业对人才的吸引力。

另一方面，建立流畅的沟通渠道，加强与人才的沟通，切实了解从业人员的精神需求和发展需求，了解心声和诉求，提高从业人员的满足感，并给予其一定的人文关怀，营造良好的氛围，提高员工的归属感。建立完善的绩效考核、激励和培训体系，为人才提供不断提升、不断学习、不断成长的途径，为员工提供一条自我发展、自我实现的良好通道。完善人力资源管理制度，让从业人员参与管理，消除等级观念，及时地反馈各方信息，提高人才的企业归属感，让人才更愿意留下来。

3. 加大政府的扶持力度，提高对从业人员的关注和补贴

对整个家电维修服务行业来说，行业属性不清晰，政府认知及关注度比

较低、社会舆论评价一般，缺乏有效的行业促进和扶持政策，这也给家电维修服务业的发展带来了一些困难。在劳动就业、教育培训、人才培养、税收优惠等方面均缺乏相应的扶植和促进政策。例如，国家对家电维修服务行业的从业人员在教育培训方面的投入较少，培养教育费用主要由企业或员工个人出资，培训方式主要靠短期的专业培训机构培养，高等职业教育和学历教育缺乏，这大大满足不了行业发展对从业人员综合素质提升的要求，因此，家电维修服务业的发展需要国家在经营者和从业人员两方面予以更多的支持。

整体而言，家电维修服务行业发展仍然不够成熟、规范，经营者良莠不齐，媒体对行业的负面报道比较多，需要政府积极正面地推动、保护，加强对行业从业人员的关注和补贴保障，提高维修从业人员的待遇。通过政府在政策方面的总体鼓励和引导，配合企业与行业协会的共同支持，以达到最终解决人才问题的目标。

（作者单位：北京物资学院研究生部）

参考文献

[1] [美] 加里·德勒斯. 人力资源管理 [M]. 北京：中国人民大学出版社，2007.

[2] 林涛. 劳动密集型企业招工难现象研究 [J]. 商场现代化，2010 (4).

[3] 田国华. 提高维修工人待遇，促进设备维修工作 [J]. 中国设备管理，1991 (10).

[4] 分行业从业人员及劳动报酬 [J]. 中国经济景气月报，2010.

[5] 韩友诚. 湖北省企业“招工难”问题探析 [J]. 武汉电力职业技术学院学报，2007.

IT 行业人才管理存在的问题及其对策研究

王丽云　李广义[*]

内容提要：人才是企业创新发展的动力源泉。IT 行业作为一种知识密集型行业和人力资本效应最为显著的行业，决定了人才是其最重要的资源，是企业生存和发展的关键因素，也凸显出人才管理在 IT 行业发展中至关重要的作用。本文分析了 IT 行业人才的特点以及结合人才管理的理论知识，针对 IT 行业人才管理当下面临的问题，并结合现今我国经济快速发展的背景提出了有效的管理对策，期望对企业管理者有所启发和帮助。

关键词：IT 行业　人才管理　对策

伴随着知识经济时代的到来，科技创新与进步有力地推动了社会进步与经济发展。在今后一段时间内，我国国家发展建设的重要战略就是以人才为核心，不断提升自主创新建设。高技术人才逐渐成为国家经济发展和社会进步的重要组成部分。在“人才战争”日趋激烈、全球化成为企业发展的必然趋势的当代社会，西方发达国家已将人才管理视为企业增强核心竞争力必不可少的组成部分。随着我国经济的快速发展和世界格局的变化，我国企业面临着融入国际大家庭的重大发展机遇，全球化能够为企业带来巨额财富和高速扩张。但与此同时，中国企业在走向世界的过程中还要面临着巨大的“人才挑战”，这不仅关系到企业的竞争力，甚至决定着企业未来发展的道路。就目前中国人力资源管理的发展情况来看，在国际市场中我国很难与发达国家先进的人才管理模式相抗衡，这不仅威胁到中国企业人才的流失，更威胁到企业自身的发展与存亡。结合我国现阶段的企业发展现状和国外企业的发

---

* 王丽云，河南林州人，硕士研究生，研究方向为人力资源管理。李广义，陕西大荔人，教授，研究方向为人力资源管理与社会保障。

展历程，我国必须对人才管理高度重视，才能增强我国在国际上的竞争地位。IT行业已经成为我国乃至全球发展最快的朝阳行业，其中IT行业是知识密集型行业，而知识密集型行业的核心是人才，只有加强对IT行业的人才管理，才能促进IT行业在全球化的背景下快速发展。

一、IT行业人才管理的现状分析

IT是信息科技（Information Technology）的首字母缩写，是信息技术的总称，覆盖的范围比较广，涉及多方面内容，如计算机软硬件、因特网和其他各种连接上述所有的网络环境，还有从事设计、维护、支持和管理的人员共同形成了一个无所不在的IT行业。IT行业的迅速发展产生了很多互联网新型的职业。IT行业作为高科技产业，具有高智能性、高创新性、高风险性以及高成长性等特点，人才在IT行业中起着核心和关键的作用。IT行业作为知识密集型的行业，最重要的资产就是人才，IT行业凭借人才的创造力和科研成果转化生存和发展。IT行业是高竞争性产业，工作的挑战性较强，从事IT行业的人才偏年轻化，年龄集中在20～40岁，并且IT人才大多数是高学历人才，在面对外界不协调以及技术问题上有很大的自主意识，在IT人才需求与供应极不匹配的时代，再加上IT人才本身具有较强的流动意愿，给IT企业在如何获得人才、留住人才的管理手段、方法等方面带来了巨大挑战。

IT人才是促进IT产业经济发展的最重要的资源，培养数量充足、结构合理、素质齐备的人才是加快我国IT产业发展的百年大计。IT行业对人才的巨大需求使企业意识到人才对其企业发展的重要性，也有很多企业从规章制度、员工手册上提出了一些人才管理手段，但是并没有正确实施，使其提出的人才管理方法在公司中没有体现出其真正的作用。企业的一些管理理念没有随人才的需求变化而更新，人才管理方法也没有做进一步的调整，再加上IT人才管理体制等各个方面存在的问题，使人才流失成了IT行业的一个显著问题。据相关数据显示，中国IT企业平均每年人才流失率为25%左右，一些规模较小、吸引力稍弱的中小型企业的人才流失率更高，远高于所有行业的平均值。据《信息周刊》发布的IT行业薪资调查报告显示，受访者中有大多数人存在跳槽意愿。

二、IT行业人才管理存在的问题

1. IT行业的人才管理理念与行业特征不相适应

很多IT企业认识到了人才对其发展的重要性，但是在企业的人才管理中依然以事为中心，要求人去适应事，始终强调个人服从组织的需要，服从事业的需要，而很少考虑个人的专长、兴趣及需要，没有把人才当成企业中最具活力、最具创造性的要素，也没有把人才当成企业得以存在和发展的第一的、决定性的资源。也有很多企业强调人的经济性作用，而忽视了人的社会属性，偏重于强制手段、硬性制度，没有考虑IT行业人才的特点，根据IT人才的高创造性、高技术性、年轻化等特点提出适应当前社会发展的人才管理理念。

2. IT行业的人才管理制度对工作性质及因素考虑不足

IT企业逐渐认识到人才对企业的重要性，也在一定程度上设立了一些人才管理制度，但是在实施的过程中有很多不足，比如弹性工作制。虽然部分IT公司已经把弹性工作制列为其福利计划中的一部分，但弹性工作制的实施却有很多不合理之处。有的公司在弹性工作制的名义下，让技术人才无休止地加班，使许多IT人才对其工作和生活的边界模糊不清，最终使他们把弹性工作制当成了工作压力而不是工作福利。当然，也有很多企业的人才管理制度很健全，比如薪酬这方面的制度，但是并没有严格按照制度执行，从而出现了一些不公平的现象，导致IT人才不满而引起人才流失。

3. IT行业人才管理的激励手段与技巧还难以发挥应有的效应

(1) IT行业的人才激励制度及措施不到位。IT行业的高创新性、高成长性等特点，使IT行业的企业时刻面临着动荡的内、外部环境，因此给IT企业的薪酬设计及人才管理带来了较大的挑战。首先，薪酬设计不合理，IT企业没有高度重视人才管理，没有把IT行业中这种高技术性人才的薪酬与其对企业的创造性挂钩，对竞争对手或同行业的薪酬水平缺乏了解，只是根据招募人员原先工资水平及“行规”设计薪资，具有一定的盲目性和不科学性。其次，薪资方案过于单一，结构不完整，薪酬等级、等级内部变动范围和相邻薪酬等级间的关系不清，员工之间的薪酬等级和薪酬幅度没有合理的差距，收入水平缺乏公平性和层次性。最后，IT行业中这种技术性人才缺少股票期权持有以及技术入股等激励措施，容易造成IT行业中高技术性人才的流失、核心技术的外流。

(2) IT行业的人才福利计划存在一定的不合理性。随着社会经济的快速发展与企业间竞争的加剧，福利作为薪酬体系的重要组成部分，越来越受到企业的青睐，因为它常能获得人心，有时它甚至比高薪更能激励员工。在这“人才大战”的时代下，有的IT公司为了吸引人才，推出了一系列福利和特别待遇。IT行业中员工的工作任务重、工作量大、创造性强以及工作技术性高等特点，决定着其工作制度并不总是与传统的朝九晚五工作周的结构体制相吻合，但是很多IT企业并没有根据其工作量、工作压力、工作状态等工作特点把其设置成弹性工作制，IT员工仍然按照单调的工作制工作，不能根据自己的工作需求合理安排工作时间，是造成IT员工对工作不满的一个主要原因，也是IT人才频繁流动的一个重要原因。

三、加强IT行业人才管理的对策和建议

IT行业的特点决定着IT行业人才管理的特点。目前，为了降低IT企业的管理成本，并且适应IT行业的快速发展，我国的IT企业必须要加强人才管理，应采取以下对策和措施。

1. 树立“以人为本”的理念

随着经济全球化、消费者需求个性化、产品生命周期缩短以及科学技术的快速发展，新技术不断涌现，导致IT企业的外部环境发生很大变化，这种变化必然导致企业间的竞争更加激烈，而所谓的企业竞争就是人才的竞争，只有充分发挥企业人才的力量，才能让企业的力量更加壮大。当然，可能会有很多企业在这里产生误区，人才的竞争并不是单纯的企业得到人才之间的竞争，而是要得到人才、重用人才，为人才搭建一座能够取得学术成果的桥梁，为其铺设一块尽情施展才华的大舞台。只有将企业人才的全部力量发挥出来，才能让企业在市场竞争中发挥最大的优势。而企业树立“以人为本”的管理思想是发挥人才能力的最好手段。因此，要想企业有更长远的发展，IT企业管理就必须从人才入手，发现人才、尊重人才、培养人才和重用人才。

2. 健全并有效地实施人才管理制度

IT人才管理制度不单单是为了管理IT人才而设置的，最主要的目的是调动IT人才的积极性与创造性，保证IT人才在企业中的可持续发展。IT企业一方面要保持与时代的同步性，从而对人才管理制度存在的缺失和设置的不当进行调整，使其符合时效性的原则，防止企业不根据IT人才的特点及时调整其制度而导致的人才流失；另一方面人才管理制度的健全要有科学性，要根据IT人才的工作需要、工作特点建立针对IT人才的制度；最后，

在建立人才管理制度时一定要注意公平原则，如若制度不公平，将直接会影响到IT人才的工作积极性。完善和提出人才管理制度不是重点，在人才管理过程中落实、调动起IT人才的积极性才是重点，我们不能只有一纸空文，应正确实施人才管理制度，让人才管理制度对我们企业运行起到积极的作用。

3. 持续建立与完善符合企业实际的特色文化

建立特色的企业文化前首先要建立员工与员工、员工与领导之间平等自由和相互尊重的关系。管理者不但要有专业的知识，更要有人格魅力，经常与员工沟通，如让员工参与工作决策，以主人翁的态度参与公司的管理，建立自由和谐的工作环境，及时了解员工创新的新思想和需求并及时解决，让员工有家的感觉。IT行业是知识高度密集的产业，很大程度上是IT员工在原有知识和经验的基础上的一种创造性的脑力劳动过程。所以，IT企业应根据IT人才的特点建立适应IT人才发展的独特文化，比如“以人为本”的文化，为员工创造良好的工作环境和心理氛围。企业文化要灌输给企业员工，同时获得IT专业人士的认可，最大限度地发挥企业文化的效果，以此留住人才。在绩效考核、管理与激励制度等方面体现要出企业文化的优势，把企业文化融入到企业的人才价值观念中，不断提升员工的组织承诺度，降低人才流失率。

4. 把人才职业规划与企业发展相联系

IT企业不但要根据IT人才个人的技术特点匹配合适的工作岗位，还要让他们看到努力工作取得的下一个岗位和职位会更好，使其有明确的奋斗目标，从而实现个人价值，而这就是常说的事业留人。我国IT企业应该逐渐尝试与探索多轨制职业发展途径，对IT企业专业技术人员的专业发展规划而言，应注意以下几点：首先，建立员工职业生涯多规制模式，而且留足一定的弹性空间来满足企业员工的发展需要。同时，允许技术人员离开技术岗位到管理岗位上，而且在技术岗位上进行正常晋升，例如跨部门交流。其次，充分认识到企业可持续发展与专业人才发展有机统一的必要性，设置多轨制。一方面有助于企业的长期规划，另一方面根据专业技术人员的个人需要，在制定多轨制前需要认真调研分析专业技术人员的工作特点。最后，技术登记与员工的工资直接挂钩，不同轨道等级工资基本相同，差异不大。

5. 注重激励因素的统筹兼顾及其实施的有效性

（1）建立胜任素质薪酬体系。胜任素质薪酬是指企业根据员工掌握的技能和知识的广度、深度和种类支付薪酬，而不是按照员工所在的职位级别来支付的薪酬，也就是对能够促使绩效达成的表现出来的知识、技能或行为进行付薪。使用胜任素质薪酬可以有以下两方面的作用：一方面胜任素质支付薪酬的做法有助于鼓励员工开发实行企业战略目标所需要的能力；另一方面根据可衡量的以及可以施加影响的胜任素质来支付薪酬，有助于企业对绩效管理过程的关注。IT 行业是高创造性行业，企业创造性的多少直接与其人才的技术性水平有关，IT 企业应根据其技能的高低划分薪酬，使薪酬弹性化，这样不仅能调动员工的积极性，也能增强员工学习技能的欲望。

（2）实施多元化福利创新。为了加强 IT 人才的归属感，体现企业对人才的人文关怀，应重视企业文化的建设，形成良好的企业向心力和凝聚力。企业除了制订传统的福利政策外，还需要不断进行调整，从而满足 IT 人才多方面的需求。IT 行业这种高技术性人才具有超强的个性，应根据他们不同的需要设置不同的福利方案，从而体现他们的价值，把他们培养成公司的可持续人才。公司可制订自助餐式福利计划，具体方案如下：在规定期限与总额基础上，结合自身实际在企业提供的福利项目中选择可行的福利规划，同时员工的福利待遇可根据员工的工龄、职位、家庭情况等因素进行调整，比如，刚进入工作岗位的人员更希望得到的是自身业务素质的提高、学习新技术，因此更关注企业可提供的培训机会；而工作几年后，由于工作经验的积累和职位升迁，他们可能转而更加关注的是住房补贴、带薪休假等福利。

（3）工作岗位设计更加强化工作弹性因素。弹性工作制是指在完成规定的工作任务或固定的工作时间长度的前提下，员工可以灵活地、自主地选择工作的具体时间，以代替统一、固定的上下班时间的制度。这种工作制的弹性化，能更好地满足员工的差异化需求，能让员工的生活和工作得以很好的平衡协调。据 IT 人员招聘咨询公司 Modis 总裁杰克·卡伦（Jack Cullen）称，IT 专业人员最看重的就是弹性工作制，而这主要是和 IT 行业灵活性、创造性等特点相关的。在设置弹性工作制的时候要使其弹性工作制与企业文化相协调，如果公司本身是一个僵化的制度，推行弹性工作制也就是在文件上说说而已，并且可能引起员工更大的不满，对员工形成压力而不是积极的效果。但是我们不能盲目地运用弹性工作制，应在公司有切实推行弹性工作制的工作环境的条件下才能实施。比如，该项制度能精确地对员工进行工作考核、企业具有较严密的规章制度进行保证和得到实施对象的认可。在推行弹性工作制的时候不能一味地全员推行，应该根据 IT 人才的个人喜好、技术水平及工作职能等来合理运用，根据 IT 人才的专业程度、技术水平高低来决定弹性工作制的实施。

随着时代的快速发展，IT 企业发生了巨大变化。我们应根据 IT 行业的特点并结合人才管理概念提出不同的人才管理策略，过去针对 IT 企业的人才管理模式虽有优点，但是也存在很多缺点，我们应着眼于当前环境，根据当下IT企业的特点，制订合适的人才管理策略，培养出更多适应IT企业和社会需求的高级IT人才。

（作者单位：北京物资学院劳动科学与法律学院）

参考文献

[1] Arnold，Edwin. Managing Human Resources To Improve Employee Retention [J]. Health Care Manager，Vol. 24 (2).
[2] 安·贝德纳茨. IT人才争夺术 [J]. IT经理世界，2014 (22).
[3] 邵媛媛. 浅析弹性工作制的实施条件——基于某企业的案例分析 [J]. 人才资源开发，2014 (1).
[4] 孟庆森. IT企业人才流动问题研究 [D]. 北京工商大学，2007.
[5] 唐红杰. IT企业知识型员工激励因素的实证研究——以重庆市为例 [D]. 西南大学，2013.
[6] 叶文燕. 当前企业人才管理的现状与对策 [J]. 中国外资，2014 (8).

大学生村官选拔中应用评价中心技术探讨

唐华茂　王　芬*

内容提要： 评价中心技术作为一种预测效度较高的人才选拔和评价方法，应用领域越来越广泛。本文分析了当前大学生村官选拔的主要方式及其存在的问题，结合评价中心技术的优势，提出将评价中心技术应用于大学生村官选拔的策略，不仅有利于提高大学生村官选拔工作的科学性，也可以为以后的进一步深入研究提供参考。

关键词： 评价中心　大学生村官　村官选拔

一、引言

为了贯彻落实科学发展观，全面加快建设小康社会的步伐，培养经过基层锻炼的党政干部后备人才，我国各级政府相继出台了一系列基层人才发展计划，大学生村官计划就是其中之一。大学生村官计划是从高校毕业生中选拔优秀人才到农村（含社区）担任村党支部书记助理、村委会主任助理或其他村"两委"职务，从事农村（社区）事务工作，充当建设农村、服务农民、发展农业的骨干力量，培养党政干部后备人才。因此，如何选拔能胜任村官这一职务要求的优秀大学毕业生是这一计划顺利实施的关键环节。一直以来，我国大部分地区在选拔大学生村官时，主要是采用结构化的方式，通过一些大致相同的笔试试题和区别有限的面试方法进行选拔，较少结合农村工作实际情况进行考核选拔。这种选拔方式存在选拔测评与实际工作脱

---

* 唐华茂，湖南长沙人。教授，博士，主要从事人力资源管理研究；王芬，安徽安庆人。硕士研究生，主要从事人力资源管理研究。

基金项目：教育部人文社会科学研究一般项目"应急管理人才素质模型及其开发策略"(12YJA630107)。

节的缺陷，导致现实中不少被选拔的大学生在赴村任职之后产生自身素质与岗位要求不匹配的现象。因此，如何提高大学生村官选拔测评工作的信度和效度，更加科学地选拔和配置农村高素质基层管理人才，是进一步完善大学生村官计划，为建设新农村提供人才保障所面临的重要问题。

评价中心技术是一项动态的测评技术，其最大的特点是采用多样化的情景模拟技术，将多个情景模拟测试融合进一个评价中心。将评价中心技术运用到大学生村官选拔工作中，有助于解决现行大学生村官选拔方式中存在的一些问题。评价中心技术不仅能够从多维度对候选人的行为表现进行观察和评价，为村官岗位挑选到合适的人才，也有利于进一步健全和完善大学生村官选拔机制，提高大学生村官队伍的整体水平。

二、文献综述

1. 评价中心技术研究现状

通过查阅国内外相关文献资料，发现学者们对评价中心技术的研究大多集中在以下几个方面：

（1）关于评价中心测评维度的研究。关于评价中心测评维度的研究主要分为维度内容研究和维度数量研究。Ryan 等（1995）将测评维度划分为主动性、组织和计划、说服力、沟通技巧、倾听和敏感性、判断和决策六个方面；Schleicher 等（2002）在关于评价中心的研究中使用了沟通技巧、制定决策、领导力三个维度；Arhur 等（2003）把 168 个评价指标归为问题解决、影响他人、组织和计划、体察他人、动机和交流六个维度。在对评价中心测评维度数量的研究方面，Russell（1985）认为，如果评价中心设置的测评维度过多，测评者不能有效地区分各个维度，将达不到测评目的；Gaugler & Thornton（1989）也曾做过类似研究，他们发现，当评分者使用 3 个测评维度对受测者进行评价时，能取得较高的评价准确度，当维度增加到 6 个或 9 个时，对行为分类和评分的准确度会明显下降，因此，他们建议在评价中心中应尽量减少评分的维度。

国内关于评价中心测评维度的研究也有很多。骆方、孟庆茂（2005）将评价中心的测评维度分为行为能力和心理特质两组来进行研究；杜小梅（2008）研究了某国有企业的一次评价中心测评数据，得到四个测评维度并分别命名为思维能力、社交能力、领导组织能力和统筹策划能力；吴志明（1999）通过对同一测评对象使用不同数目的测评维度进行评分，发现当测评维度为 3 个和 6 个时，评分者的评分一致性都很高，而当评分维度为 9 个时，评分者的评分一致性会大幅下降。因此，他建议在一个测评情境中，测评维度在6个左右最为合适。王小华、车宏生（2004）也认为，在实际测评时，受评分时间的影响，评分维度过多可能会导致遗漏重要的信息，造成评价误差。

（2）关于评价中心技术效度的研究。关于评价中心技术效度的研究主要分为结构效度研究和预测效度研究。尽管关于评价中心结构效度的研究很多，但至今尚无清晰的结论。Sackett & Derher（1982）通过多质多法对评价中心结构效度进行研究发现，评价中心的会聚效度和区分效度都较低；而 Sackett & Tuzinski（2001）研究发现，典型评价中心的会聚效度为0.25，区分效度为0.58，区分效度高于会聚效度。在预测效度的研究中，Gaugler等（1987）对评价中心预测效度进行元分析得到的平均矫正效度系数为0.37；Clark（1992）的元分析表明，评价中心与其他测评方法相比具有更好的效度，为0.31～0.63，其中，能力测验的效度为0.25～0.53，行为型面试的效度为0.24～0.40，人格测验的效度为0.15～0.22。

国内研究者也开展了关于评价中心效度的相关研究。梁开广等（1992）运用因素分析法证实，评价中心具有较高的结构效度；吴志明、张厚粲（2001）等人对采集于国内某企业的评价中心数据，运用多质多法、验证性因素分析方法进行处理，结果表明，评价中心的会聚效度（0.110）要低于区分效度（0.455），测评方法间同一测评维度的一致性程度低于测评方法内测评维度一致性的程度。

2. 大学生村官选拔研究现状

（1）关于大学生村官选拔机制的研究。学者们对大学生村官选拔机制的研究主要集中于分析其存在的问题。郑利军（2010）指出，现行的大学生村官选聘工作须通过个人报名、资格审查、组织考察、体检、公示、决定聘用和培训上岗等程序进行，但整个选聘流程存在许多问题，如公示环节缺乏针对性、考察内容重才轻德、选聘工作缺乏反馈机制等；张淑萍等（2011）通过对苏北地区大学生村官选拔机制的调查，发现现行村官选拔机制中对选聘条件的硬性规定，如必须取得国家全日制普通高校专科以上学历、通过笔试和面试、择优录取等，将一些愿意扎根农村、为家乡做贡献的大专院校或其他没有通过笔试但真正想从事村官职业的毕业生拒之门外，而将一些扎根农村基层意识不强的毕业生选拔出来，不利于保持大学生村官队伍的稳定；孙安平（2012）认为，现行偏重于考试的大学生村官选拔方式不够科学，容易产生挫伤大学生农村基层干部干事热情，影响其扎根基层的负效应，也容易产生“人岗不匹配”的现象。

（2）关于大学生村官胜任素质的研究。刘杰（2009）认为，对“村官”的素质要求要高于“城官”，在选拔村官时要遵循三条标准：具有较强的社会活动能力和组织能力；对农村比较熟悉或出身农村的子弟；思维活跃、能言善辩，有较强的文字处理能力；胡欣欣、潘一成（2010）利用行为事件访谈法对10名在任大学生村官进行访谈，明确了村官岗位对人员能力素质的要求，并建立了以6个维度和10项基本胜任特征为框架的大学生村官胜任素质模型；伍晗（2012）提出了大学生村官能力标准框架，该框架由3个维度8个因子组成，政治素质维度包含政治素质一个因子，品德和心理素质维度包含品德素质、工作作风、交际素质、心理素质四个因子，知识和技能维度包含操作技能、基础技能、高级技能三个因子。

综上所述，我们可以看出，国外关于评价中心技术的研究已经比较全面，而国内对于评价中心技术的研究起步较晚，目前，我国还处于介绍国外理论和实践的初始阶段。大学生村官作为中国特有的农村基层管理人员，国外没有人从事过相关研究，而国内的相关研究仅仅集中于选拔机制、素质模型等方面，较少有研究者探索能更好地选拔大学生村官的科学测评方法。因此，本文提出，可以将评价中心技术运用于大学生村官选拔，运用这种人才测评方法的优势来解决现行村官选拔方法中存在的问题。这对于进一步深化评价中心技术的理论研究和实践研究，完善大学生村官选拔工作都具有重要的意义。

三、当前大学生村官选拔方法及存在的问题

1. 现阶段大学生村官选拔方法

从历年各省市大学生村官选拔方法来看，基本上都是采取笔试加面试的选拔方法，其中，笔试和面试在综合素质得分中各占50%，各选拔单位按照综合得分排名进行拟录取，体检合格的将会被最终录取。从这套选拔方法来看，笔试是每一个考生都必须参加的，是进入面试的第一道关口。而在面试环节，大多以结构化面试为主，面试时间一般为10～30分钟，主考官按照既定的程序和问题向考生提问并通过考生的回答和现场表现对其进行打分。

近年来，随着考试形式的创新和对人员素质要求的提高，一些选拔单位也在积极探索将一些新的测评技术应用到大学生村官选拔中。2008年，北京市顺义区就首次将心理测评软件应用于大学生村官选拔中，对考生的心理健康情况进行评估并作为最终录取的一个参考因素；2009年，江苏省南京

市首次在大学生村官选拔过程中引入无领导小组讨论，让每位考生都有话可说；而安徽省在2012年的大学生村官选聘中，创新性地增设了“驻村见习”的环节，根据考生的见习表现决定他们的去留。

2. 大学生村官选拔中存在的问题

虽然大学生村官选拔方法在近几年有所创新，但传统的笔试加面试的基本选拔方法并没有大的改变，其存在的弊端也逐渐显露。据相关调查显示，大学生村官中途流失现象十分严重，有些省份的流失率甚至达到了70%以上，这在一定程度上反映出了在大学生村官选拔上并没有把好入口关。本文通过分析和调查，发现当前大学生村官选拔中存在以下一些问题：

(1) 测评方法单一，受主观影响较大。从整体来看，大学生村官测评方法比较单一，尚未形成一套完整的应用于大学生村官测评的体系。除个别地区在面试环节引入无领导小组讨论以外，当前的村官选拔方法主要还是依赖于简单的笔试和以结构化面谈为主的面试。结构化面谈通常是采取“多对一”的方式，多位考官对一名考生进行互动问答，考官根据考生现场行为表现对其进行评价，但由于思维方式等方面的差异，考官们对评价标准的理解也会不同，从而影响到对考生评价的客观性和公正性。

(2) 笔试内容大同小异，筛选效果有限。想成为大学生村官的第一步就是参加大学生村官考试，从历年大学生村官考试的内容来看，其与公务员考试类似，无非就是公共基础知识、行政职业能力测试和申论，只是在侧重点上偏向于“三农”知识的考查。由于政策具有一定的稳定性，每年的考题都大同小异，再加上各种考前培训班的泛滥和前仆后继的“考霸”，笔试对大多数考生来说都是驾轻就熟，这就背离了大学生村官选拔设置笔试环节的初衷，也达不到筛选合格人才的效果。

(3) 面试时间较短，对考生了解不深。在大学生村官选拔的面试中，考官对每位考生的面试时间一般在10～30分钟，考官根据时间和考生的临场反应进行提问，一般会提2～5个问题，然后，根据考生对问题的回答情况和行为表现做出相应判断。评价一个考生，特别是涉及其内在思想动机方面，仅仅通过30分钟左右的问答是远远不够的。考生有时为了在考官面前树立良好的形象，迎合考官的喜好，往往会刻意隐瞒、掩盖对自己不利的信息，造成信息不对称。

(4) 评价后无反馈，考生对结果存疑。除了由各地区招录单位公布的最后综合得分和拟录取名单外，考生对于自己参加的村官选拔活动结果的其他信息几乎一无所知，既不知道自己被录取或未被录取的原因，也不了解自己在面试环节表现的出彩点或失误点。考生这种一头雾水的状况，不仅不利于考生对村官岗位应具备素质的理解并针对不足进行改善，也不利于各选拔单位检验其所采用的选拔方式的有效性。

四、评价中心技术及其发展

随着社会的发展，各类组织对人力资源提出了越来越高的要求。目前，应用于人才选拔的方法和工具很多，评价中心技术作为一种效度较高的人事选拔方法，将其应用到大学生村官选拔中可以有效弥补当前所普遍采用的选拔方法的不足，提高大学生村官选拔的可靠性水平。

1. 评价中心技术

评价中心技术起源于1929年德国心理学家为挑选军官而建立的多项评价程序，后来逐渐发展渗透到其他领域，并被广泛应用于人员素质测评、选拔和培训。区别于其他测评工具，评价中心技术将考生置于特定的模拟情境中，综合采用多种测评方法对考生行为表现进行测评。

随着测评理论和实践的发展，评价中心技术的测评方法也不断完善，主要包括公文筐测验、无领导小组讨论、案例分析、模拟面谈、演讲、事实搜索与决策、管理游戏等。最常用的是公文筐测验、案例分析和无领导小组讨论，其中公文筐测验的使用频率达到了80%以上，如表1所示。

表1 评价中心测评方法使用频率

复杂程度	形式	实际运用频率（%）
更复杂	管理游戏	25
↑	公文筐测验	81
	无领导小组讨论	59
	演讲	46
	案例分析	73
	事实搜索与决策	38
更简单	模拟面谈	47

资料来源：童天．评价中心技术的运用［J］．中国劳动，2005：62－63.

虽然评价中心技术涉及的测评方法有很多，但每种测评方法的测评维度各有不同。例如，无领导小组讨论侧重考查团队领导能力，而案例分析侧重于分析思维能力的考查。因此，在选择测评方法时并不是随意的、机械的，而应有针对性地根据目标岗位的胜任力要求进行选择，将各种测评方法结合起来使用，最终达到有效选拔人才的目的。

2. 评价中心技术的特点

与其他测评工具相比，评价中心技术具有非常鲜明的特点和优势，对有效提高人才选拔的信度和效度具有非常重要的作用。

（1）综合运用多种测评技术。为了选拔合适的人才，评价中心技术会根据测评目的和测评指标不同，变换使用不同的测评技术组合对受测人进行测评。基于多种测评方法的反复验证，对受测人的评价将会更加全面、客观和公正。因此，将评价中心技术运用于大学生村官选拔，可以在很大程度上避免由于测评工具单一而造成的对考生素质测评内容不全面的缺点，也能有效减少主观因素对评价结果的不利影响。

（2）模拟真实工作环境。设计模拟真实的工作环境是评价中心技术最大的特点。评价中心技术设计者根据不同测试目的和要求，设计出不同的、高度逼真的工作环境，以识别和判断考生是否具有胜任未来工作的潜力。这就保证了测评内容与岗位要求较高的相关度，使考官能够从模拟工作环境中考生的实际表现测量出考生解决实际问题的能力，对考生进行深入的了解，避免出现大学生村官笔试和面试中测试内容与实际工作相差太远的问题，从而，不仅可以弥补现行选拔方法对考生了解不深的缺点，还可以通过差异化的情景模拟避免村官笔试内容大同小异的弊端。

（3）测评结果可靠性高。由于评价中心技术采用多种测评方法和多个测评师从多个维度对受测者进行全面考查，因而，其测评结果的可靠性比其他一般测评工具都要高。国外相关机构的研究数据显示，采用传统面试的效度仅为 0.2，而采用评价中心技术的效度达到了 0.65 以上。由于目前大学生村官选拔方法的信效度水平都不够理想，因此，将评价中心技术应用于大学生村官选拔，有利于改善当前选拔方法筛选效果不佳的现状，提升农村高素质基层工作人员选拔效率。

（4）对测评结果进行反馈。评价中心技术的测评结果最终以评价报告的形式出现，报告将对受测人的能力和素质、优劣势、潜在能力和未来发展趋势以及受测人胜任目标岗位还缺乏的素质等方面做出评价。对于得出的测评报告，评价中心将会同时反馈给选拔单位和受测人，这不仅可以消除考生对选拔结果的疑虑，也有利于考生针对自身不足进行改进，并为用人单位日后对所选拔人员进行培训提供参考。

3. 评价中心技术的发展

（1）评价中心技术逐渐电子化。当前，电子技术越来越多地应用于评价中心测评中。人们广泛地利用各种电子设备来辅助进行评价中心测评。例如，在无领导小组讨论过程中，利用录像设备记录考生的行为表现供测评者评价，评价结果将更加全面、客观。电子技术的使用，一方面顺应了时代的发展潮流，另一方面也大大地降低了评价中心技术的运作成本和时间消耗，为评价中心技术的广泛使用提供了良好的前提。

(2) 评价中心技术趋于非正式化。较高的施测成本和较长的时间耗费使许多人员选拔机构在选拔人才时对评价中心技术望而却步。为了克服这一短板，人们不断开发新技术，使整个测评过程变得更加简化，测评更有效率。如互动模拟测试技术的开发，通过实行一对一互动模拟，降低了测评的人工成本。评价中心技术的非正式化使得该技术被越来越多的机构所重视，其应用范围从选拔高层管理人员扩展到对基层人员的选拔和培训工作中。

五、大学生村官选拔中应用评价中心技术的策略

评价中心技术具有多方面的优点，将其应用到大学生村官选拔中，将有助于提高村官选拔的效率。但在实际运用过程中，评价中心技术也存在着诸如实施成本高、对于测评人员的专业性要求较高等问题。因此，为了确保评价中心技术在大学生村官选拔中的应用效果，可以采取以下策略：

1. 大学生村官选拔中应用评价中心技术的步骤

(1) 成立测评小组，建立专业的测评队伍。评价中心技术作为一种信效度较高的人事选拔工具，必须由专业测评人员实施。因此，成立测评小组，建立专业的测评队伍是实施评价中心技术的重要环节。对于大学生村官选拔而言，测评人员可以由3～5位人力资源专家、心理学专家、熟悉农村基层工作岗位的直接管理者或者其他与农村基层管理工作相关的人员混合组成。由于测评人员的评判力和观察力在整个评价过程中起着非常关键的作用，因此，在实施评价中心技术之前，应对测评人员进行相关的专业培训。培训可分为理论知识培训和实测训练两部分进行，使他们充分理解和掌握评分的标准和技巧、测评要素设计等基本原理和方法，并通过模拟测评训练将理论知识有效地运用到实际的操作过程中，提高测评的客观性和科学性。

(2) 进行工作分析，构建有效的测评指标体系。工作分析是实施评价中心技术的基础，只有在明确农村基层管理岗位具体的工作内容以及每项工作对人员能力素质要求的基础上，才能找出与村官岗位密切相关的测评维度，有的放矢地进行人才选拔。对村官岗位的工作分析可以通过访谈在岗村官及他的上级和下级、问卷调查法或观察现任者在岗位上的业绩等方法进行，然后，根据工作分析的结果，找出村官岗位对应聘人员的素质要求和其应该达到的标准，再依据这些要求和标准逐步构建评价中心的测评指标体系。

通常，测评指标的选择要根据评价中心技术的应用目的来定，如果评价中心仅仅用于选拔目的，选取几项能够预测未来绩效的关键指标即可，不要把与评价内容无关的指标选进来，而且要求指标要便于观察和评价，具有实际的可操作性。

（3）选择测评方法，设计合理的模拟情景。评价中心技术的测评方法有很多，各有侧重和利弊，评价者应结合农村基层管理岗位的胜任力特征选择恰当的测评方法。每种测评方法的选择必须与测评标准具有直接联系，且具有合理的信度和效度，测评方法的选择也不宜过多或过少。情景模拟是评价中心技术最大的特点，因此，测评方法使用的关键点在于情景的设计，情景设计的优劣直接影响着评价中心技术测评效度的高低，也对受测人能力素质测评的准确度产生影响。

根据农村基层管理工作的实际，在设计情景时应该重点突出村官工作的特点，注重设计与农村、农民以及农业等相关的情景，特别要注意考查考生处理人际关系的能力，如快速融入农村环境的能力、有效解决村民之间矛盾和冲突的能力等。同时，这些情景的设计应该具有一定的处理难度和典型性，保证对所有的考生都是公平的。

（4）实施测评并观察，形成评价报告并反馈。评价中心技术的实施阶段实际上就是收集受测者与测评维度相关联的数据资料的过程。受测者在参与各种情景模拟的同时，测评人员要按照评价标准和要求对受测者的行为进行认真观察、如实记录和严格记分，在所有的评价结束后，对受测者在各项测评中的行为表现进行综合评定，最后，由全体测评人员共同讨论形成评价报告并将结果反馈给决策层和测评对象。

评价结果的反馈一方面可以消除受测者的疑问，特别是对评价中心技术的公平性和准确性的质疑，另一方面也可以使大学生村官选拔变得更加公开、透明。通过评价结果的反馈活动，受测人可以将评价结果和自身的实际情况进行比较，从而更加了解自身的优劣势，发现自身潜在的能力，不断完善自己；选拔方也可以根据评价结果综合判断受测者的素质水平，并为被选拔人员上岗后的培训、考核等提供依据。

2. 大学生村官选拔中应用评价中心技术应注意的问题

在大学生村官选拔中，应用评价中心技术可以弥补现行选拔方法的一些不足，但在实际应用过程中，还应该注意以下两个方面的问题：

（1）施测成本问题。由于评价中心技术是一种较为复杂的测评技术，一次完整的评价活动往往要花费1～3天，甚至更长的时间，实施成本比较高。因此，相关选拔单位在运用评价中心技术前，要充分考虑成本问题。针对施测成本高的问题，我们认为，大学生村官选拔单位可以采取以下几种方式来降低成本：①多区县合作成立测评机构，共同开发一个评价中心；②将评价中心技术外包给专业的测评机构；③结合电子技术，使用简化的评价中心技术；④通过设计科学的笔试内容先筛选掉大部分不合格的考生，在选拔最后阶段才使用评价中心技术。

（2）测评误差的问题。在大学生村官选拔中运用评价中心技术还处于初步探索阶段，在实施过程中，可能由于工作分析不全面、测评队伍专业性欠缺等主客观方面原因，难免会出现一些误差，从而影响评价中心测评的准确性。因此，在评价活动开始之前，必须要做好周全的测评计划，选择专业的测评队伍；在评价活动结束后，各选拔单位要重视对评价中心测评结果的合理运用，还要重视对评价效果的检验，针对出现误差的原因对症下药，以不断改进评价中心，提高测评的有效性。

六、结论

虽然评价中心技术在我国仍处于初级发展阶段，但其发展潜力巨大。将评价中心技术应用于大学生村官选拔，不仅能够弥补现行选拔方法的不足，为农村基层管理岗位挑选到合适的高素质人才，对提升整个农村基层工作队伍的能力和水平也有着极其重要的作用。

目前，将评价中心技术应用于大学生村官选拔任用这一新领域的应用实例还很少，资料查找难度较大，诸多方面还有待于进一步深入研究。本文的局限性主要表现在没有通过调查获取第一手数据资料，从而无法构建我国大学生村官胜任素质模型，并在此基础上针对将评价中心技术运用到大学生村官选拔提出更加具体的建议。

当然，评价中心技术也处在不断发展完善过程中，需要研究的内容还很多。本文在研究上存在的不足将在以后的研究中不断补充和完善。同时，各选拔单位也应该积极探索将评价中心技术应用于大学生村官选拔的新方法、新模式，将更加科学、合理、有效的测评技术应用于大学生村官选拔中。

（作者单位：北京物资学院劳动科学与法律学院）

参考文献

[1] Ryan A M, Daum D B, Todd G. Direct, Indirect, and Controlled Observation and

Rating Accuracy [J]. Journal of Applied Psychology，1995，80：664－670.

[2] Schleicher D J，Day D V. A New Frame for Frame－Of－Reference Training：Enhancing the Construct Validity of Assessment Centers [J]. Journal of Applied Psychology，2002，87：735－746.

[3] 王小华，车宏生．评价中心的评分维度和评分效果 [J]. 心理科学进展，2004 (4)：601－607.

[4] 吴志明，张厚粲．评价中心的构想效度和结构效度 [J]. 心理学报，2001 (4)：372－378.

[5] 骆方，孟庆茂．不同类型的测评维度对评价中心结构效度的影响研究 [J]. 心理科学，2005 (6)：1437－1439.

[6] 张淑萍，陈素琴，薛继坤．大学生“村官”选聘机制研究 [J]. 连云港师范高等专科学校学报，2011 (3)：85－88.

[7] 郑利军．大学生“村官”选聘工作流程探析 [J]. 淮海工学院学报（社会科学版），2010 (4)：133－136.

[8] 胡欣欣，潘一成．大学生村官胜任素质模型 [J]. 经营管理者，2010 (10)：198.

[9] 殷雷．评价中心的基本特点与发展趋势 [J]. 心理科学，2007 (5)：1276－1279.

[10] 陈慧．评价中心技术与人才选拔 [J]. 北京邮电大学学报（社会科学版），2003 (4)：45－48.

[11] 郑久华．评价中心的方法实施及应用 [J]. 辽宁行政学院学报，2005 (6)：102－103.

[12] 王汝发．基于模糊分析的工作生活质量综合评价 [J]. 燕山大学学报（哲学社会科学版），2011 (1)：130－134.

公共图书馆人力资源管理创新
——以C图书馆为例

田艳杰　解进强*

内容提要： 为了适应图书馆深化人事制度改革的需要，人事管理由身份管理转变为岗位管理，可实现人力资源管理的创新。本文以C图书馆为实证，分析公共图书馆人力资源管理的现状，探讨人力资源管理基于岗位管理创新发展的新途径，希望为公共图书馆人力资源管理工作提供参考。

关键词： 公共图书馆　人力资源　管理

一、引言

我国的公共图书馆是典型的事业单位，主要依靠财政拨款，履行为社会公众提供文献借阅等多种社会文化职能的公共服务机构。在图书馆管理中，人员管理是管理工作的核心，直接影响到图书馆的运营效率和服务质量。近几年，伴随着我国事业单位体制改革的深入发展，公共图书馆人员管理从身份管理向岗位管理发展的趋势不断深化，图书馆岗位管理体系正逐步建立，公共图书馆的人力资源取得了重大进步。但从公共图书馆总体来看，人力资源管理还存在很多问题，如身份管理观念未转变，岗位设置不合理，人岗不匹配，人才培训机制跟不上等。本文从岗位管理的视角，通过对公共图书馆的人力资源管理问题的研究，提出相应策略，希望有助于公共图书馆人力资源管理创新实践，以更好地发挥图书馆的教育和服务职能。

---

* 田艳杰，河南周口人，硕士研究生，研究方向为人力资源管理。解进强，河北赵县人，博士，副教授，研究方向是组织与人力资源。

二、文献综述

2006年国家人力资源和社会保障部出台的《事业单位岗位设置管理试行办法》和《〈事业单位岗位设置管理试行办法〉实施意见》确立了事业单位岗位设置管理的基本制度，截至2012年年底我国事业单位已基本实现了事业单位岗位管理全覆盖，实践中事业单位岗位管理日趋规范化，与此形成鲜明对比的是这方面的理论研究相对较少。中国人事科学研究院事业单位岗位管理研究课题组从实现事业单位人事制度改革的主要途径出发，分析出事业单位在岗位设置时应遵循科学合理的设岗原则，“合理的岗位结构比例，科学的岗位说明才能保证岗位管理的有序进行，政府适当下放管理权力才能为事业单位人事制度改革提供良好的改革环境”。杜秦生、王东阳（2011）以深圳图书馆为例，提出岗位管理将成为公共图书馆岗位管理的核心，分析从身份管理到岗位管理改革的实践，并进一步探析思考。徐驰（2014）提到，国有企业体制改革应打破传统的身份管理，构建新的岗位管理制度，实现由身份管理到岗位管理的转变，并提出相应的路径。谭绿贵、王家军和郭培（2010）提到，岗位管理是图书馆管理的重要方面，岗位设置是岗位管理的基础，岗位管理应与绩效考核坚持以人为本的理念，设立科学的考核内容和考核指标。

综合以上研究，对岗位管理的研究大多限于理论或宏观的方面，缺少相对具体的建议。本文将从岗位管理的视角，以C图书馆为研究对象，对公共图书馆人力资源管理问题进行具体分析，并提出具体的切实可行的方法对策。

三、公共图书馆人力资源管理的现状

1. 相关概念界定

图书馆人力资源是指具有从事智力劳动和体力劳动的图书馆工作人员的总和。图书馆人力资源管理就是把图书馆员工视作一种重要的人力资源，运用现代管理的原理和方法，对图书馆人力进行合理地培训、组织与分配，使人力与物力经常保持最佳比例，同时对人的思想、心理和行为进行恰当地指导、控制和协调，充分发挥人的主观能动性，使图书馆系统最大限度地满足广大读者对图书文献信息的需求。

2. 公共图书馆人力资源管理现状

（1）对人力资源认识不足。公共图书馆是由政府直接资助和管理并免费为社会公众提供服务的机构。多数公共图书馆只注重对图书馆的馆藏建设及设备的添置，没有意识到图书馆发展的真正瓶颈是缺乏高素质的图书馆管理人员，不能做到以人才为本，忽视了对人才的引进和培养，使图书馆对人力资源的管理还处于传统的水平，管理者缺乏对新理论的理解，不能进行科学的管理。C图书馆为了给市民提供更方便的服务，新添置了数台自助图书馆，但是投入使用后，由于图书馆相关人员安排不到位、针对读者的宣传及辅导不到位，造成了新设备利用率不高。

（2）身份管理观念未转变。由于传统观念和体制的影响，我国的事业单位内部缺乏从工作本身进行科学的岗位区分的理念。现实中，公共图书馆普遍存在着人员浮躁、缺乏活力的现象。图书馆工作人员的工作没有与图书馆的整体发展目标联系在一起，而是着眼于提高职务或职称，由此造成图书馆整体运作效率低下。由于工作人员按身份享受福利待遇，一旦聘用便终生享用，使图书馆人员没有危机感，竞争意识低下。这样就从根本上束缚了人才的发展，不利于员工及整个图书馆的发展。

（3）人员结构失衡。公共图书馆的人员结构主要有以下几种：有行政级别和无行政级别的管理人员、含有行政级别的和工人身份的人员在内的专业技术人员、工勤人员、既无行政级别也无专业技术职务的一般干部和工人、编外人员等。这种复杂的人员结构使现有的图书馆管理体制出现了岗位管理和身份管理交叉的局面，岗位设置要求设定三类岗位即管理岗位、专业技术岗位和工勤岗位，如果这三类岗位的结构比例确认后就会出现部分人员难以安置的问题。

目前C图书馆在编人员72人，其中管理岗位6人，专业技术岗位65人，工勤岗位1人。在实际工作中也出现了岗位管理和身份管理交叉的情况，如原来从事行政管理工作但没有行政级别的管理人员是否继续被聘入相应的管理岗位，使某些岗位难以划分岗位类别和层次等。

从人员专业结构来看，公共图书馆员工专业结构分散，分布不合理，专业性的员工急缺，应大力引进图书馆专业性的人才。以C图书馆为例，其人员专业结构经济与管理类专业的人数最多，占总人数的30.6%；法律专业的人数占22.2%；计算机与网络、语言类专业各占9.7%；图书馆学相关专业占6.9%；其他专业占20.8%。

（4）人岗配置不合理。从岗位设置方面来看，岗位设置应以“因事设岗、以岗定人”为指导思想，根据业务流程及部门职责的需要，基于组织未来的发展，进行岗位的合理设置。按照国家《事业单位岗位设置管理试行办法》和《〈事业单位岗位设置管理试行办法〉实施意见》中规定的事业单位专业技术人员高级、中级、初级岗位之间1∶3∶6的标准，C图书馆在65名专业技术人员中，从职称比例上来看，高级职称副研究馆员占总人数的3.1%；中级职称17人占26.2%；初级职称42人占70.8%。高级职称人员严重缺乏，中级职称人员相对不足，出现了人岗不匹配现象。

（5）绩效考核及激励机制不完善。由于受到传统管理观念的影响，大多数公共图书馆在现阶段不具备完善的绩效考核制度，对员工的考核并不严格，只有比较模糊的考核标准，主观评价的影响很大，缺乏具体而科学的量化指标体系，因此，绩效考核并没有起到实质性的作用，常常只是为了例行公事而进行考核。

另外，公共图书馆馆员的工资薪酬较低，馆内人员升职空间较小，薪酬标准缺少激励机制，没有将馆员的工资和业务水平结合。同时，枯燥而乏味的重复性工作导致工作人员对工作的积极性较低，最终导致图书馆服务质量下降，影响图书馆的整体形象。

（6）馆员再教育滞后。要实现图书馆的可持续发展，需要一批高素质的人才，更要坚持以人为本，推行全方位的人本管理。图书馆的人力资源管理的目的就是通过对图书馆人员的管理最终达到对人、财、物的综合利用。但是因对图书馆人力资源管理重要性的认识不足，身份管理观念未转变，造成图书馆对馆员的培训再教育滞后，特别是对于图书馆相关专业出身的馆员的管理系统方面的知识培训，及对非图书馆专业出身的馆员的基础性图书管理知识的培训不到位，使图书馆人员的服务水平及专业化技能不高。

四、对公共图书馆人力资源管理创新的建议

1. 树立人本管理理念，注重人力资源管理

世界著名图书馆学之父阮冈纳赞说：“图书馆事业成败的关键在于图书馆工作者。”图书馆要把人力资源管理工作作为图书馆管理工作的重中之重，在实行岗位管理的基础上，做好人力资源管理工作。一方面，要有针对性地做好专业人才的引进，做好人才储备计划，防止因人才老龄化出现的人才断层；另一方面，要注重对图书馆员的职业生涯规划，在工作中充分地考虑到图书馆员的成长和价值，使用科学的管理方法，通过全面的人力资源开发计划和团体文化建设，充分调动馆员的积极性、主动性和创造性，从而提高工作效率。

2. 将岗位管理作为人员管理的核心

公共图书馆是专业技术人才聚集的事业单位，传统的人事管理以身份管理为特征，抑制了人才的积极性，严重制约着图书馆的服务质量。而以岗位管理为特征的现代人事管理，坚持公开、公平、竞争的原则，主张人员能进能出，职务能上能下，待遇能升能降。公共图书馆人员管理实现由身份管理到岗位管理的改革，要打破人员身份的界限，实现从“身份管理”到“岗位管理”的转变，切实做到因事设岗、人岗相适、以岗定规、岗变薪变，避免“养人不干事”，使岗位管理成为图书馆人员管理的核心，这样才能在内部建立起符合有效激励的岗位设置、岗位聘用、绩效管理和薪酬管理和培训体系，提高图书馆的专业化服务水平。

3. 调整岗位设置，明确岗位职责

为读者服务是图书馆一切工作的出发点和归宿，图书馆的人力资源管理也应围绕着读者的需要来展开。图书馆应根据读者的需要设置部门和岗位，根据岗位的需要来配置人力资源。但是图书馆的服务是分层次的，不同部门、不同岗位、不同工作之间存在着差异，图书馆管理者应以科学的态度正确对待馆员的特性，调整岗位设置，明确岗位职责，做到人事相宜。

4. 构建良好的激励机制，调动员工的积极性

公共图书馆作为事业单位，缺少来自外界的竞争压力，需要创造良好的竞争环境和激励机制以提高整个组织的活力。运用科学的激励机制最大限度地挖掘员工的潜能，激发员工的积极性、主动性和创造性。就图书馆的工作性质和特点而言，要实行物质激励与精神激励相结合的奖罚激励机制。图书馆的管理者要及时了解和掌握员工的需要和动机，有针对地采取激励方法，激发员工的工作热情和积极性。

5. 建立有效的绩效考核制度

科学完善的绩效考核体系不仅能够评价员工的工作态度和业绩，还能帮助组织判断其实行的激励机制是否完善，管理是否有效。图书馆馆员的绩效具体表现为完成工作的数量、质量，服务产生的社会影响以及为图书馆做出的其他贡献。图书馆馆员的绩效考核就要针对图书馆各个馆员所承担的工作，应用各种科学的定量、定性方法对馆员工作的实际效果及对图书馆的贡献进行考核和评价。这些考核主要针对馆员的职业道德、专业能力、工作业绩等。

6. 建立全员常态化培训机制

一名优秀的馆员除了应该具备专业知识能力和较强的服务意识之外，还应该进一步学习和掌握信息网络及其他相关知识，以进一步提高图书馆的服

务效能。图书馆应开展全员培训常态化，不断提升每一名馆员的专业技能，持续激发每一名馆员的工作潜力，逐渐打造一支专业型、研究型、创新型、复合型和外向型的专业技术人才队伍，推动图书馆各项管理工作的规范，增强图书馆用人的灵活性，提升设施、设备的利用效率，拓展服务内容，推动服务质量的持续提升，推动图书馆各项事业的创新与发展。

五、结束语

未来的图书馆向着信息化、数字化、网络化的方向发展，图书馆工作的知识技术含量、专业化程度更高，图书馆工作的开展越来越依赖于图书馆工作人员的知识、技术、专业水平和自身素质。在公共图书馆的人力资源管理工作中，要实现从身份管理向岗位管理的转变。岗位管理是公共图书馆人员管理的核心，只有在实行岗位管理的基础上，努力合理开发和有效利用人力资源，才能够提高图书馆的服务质量，推动图书馆的可持续发展。

（作者单位：北京物资学院劳动科学与法律学院）

参考文献

[1] 韩阿玲．事业单位岗位设置管理研究［J］．中国人民大学，2007．

[2] 杜秦生，王东阳．岗位管理将成为我国公共图书馆人员管理的核心——深圳图书馆的实践体验及反思［J］．图书馆论坛，2011（6）．

[3] 徐驰．从身份管理到岗位管理——国有企业体制改革的路径探析［J］．经营管理者，2014（22）．

[4] 谭绿贵，王家军，郭培．基于人本理念的图书馆岗位管理与绩效考核［J］．大学图书情报学刊，2010（6）．

[5] 龙梅宁．以人为本推动图书馆人力资源的开发与管理［M］．北京：北京图书馆出版社，2005．

[6] 冯飞．公共图书馆人力资源的开发和利用［J］．图书馆，2003（5）．

我国普通高校人才培养中存在的问题及策略研究

胡耀伟[*]

内容提要：人才是国家的未来，是民族的希望。多年以来，我国普通高校在国家人才的培养方面一直居于主导地位，然而它们却面临着诸多问题。经过高等教育培养后的人才，不能完全满足社会的需求，造成学校、家长和社会三方的失望。究其原因，是学校的教学方式、教育模式及管理方式出现了严重问题，针对这些问题，本文在广泛听取部门领导、师生意见和在进行了大量调研的基础上提出了建立多层次人才培养目标、优化课程设置体系、提升师资队伍综合素质、重视学生的专业实践等应对策略。

关键词：普通高校　人才培养

一、我国普通高校人才培养中存在的主要问题

（一）培养目标片面强调学术性

在高等学校的教育培养中，人的综合素质的提升应该是在知识传授与技能训练相结合的过程中实现的。然而，我国众多高校的人才培养目标却仅仅是为了实现个人知识量的增长与质的变化，形成个人完整的知识结构，培养学生的学习、研究和实践能力，从而达到学生的人生自我教育，促进个人理智和文明素养的提高。也因此，按照高等学校人才培养的知识掌握程度标准可以将人才分为学术型人才、应用型人才及复合型人才。这种只重视理论知识掌握的学术性教育，忽略了高等学校人才培养目标客体与社会主体需要之间的关系。

---

* 胡耀伟，河南省登封市人，北京物资学院劳动科学与法律学院研究生，主要研究方向为流通经济法和流通政策。

（二）课程设置结构不合理

一直以来，我国普通高校在人才培养的方案中就存在课程结构设置不合理这样一个突出问题：公共课程所占比例过高，专业课程所占比例相对较低。这样的培养方案，对于培养专业人才的大学而言，是与其大学教育的培养目标背道而驰的。[1] 大学教育，本身就该是一个与专业相关度很高的培养模式。然而，根据对不少大学的调查发现，大学培养方案中，在课程机构设置方面，公共课达到30%～50%，而专业课在10%左右。因此，不少学生将大量的时间和精力花费在公共课上，学习的都是一些相对宽泛的与专业不相关的知识。显然，这对于大学生专业素质的培养是不利的，依据这样的人才培养方案培养出来的学生，自然难以成为合格的专业人才。无差异的公共培养与社会多样化的人才需求不相适应，这是我国普通高校的一个通病。

（三）教师综合素质有待进一步提高

根据教育部关于新时期加强高等学校教师队伍建设的意见，到2005年，具有研究生学历教师的比例，在教学科研型高校中达到80%以上（其中具有博士学位教师的比例达到30%以上）；在以教学为主的本科高等学校中达到60%以上；在职业技术学院和高等专科学校中达到30%以上。[2] 然而不难发现，目前我国存在许多由几所专科院校或者是三本院校合并，从而升格成为二本、一本院校的现象，这些新升格的院校，不可能在一时间全部换掉学历未达标的教师，因此难免存在部分院校教师学历达不到相关标准的情况，教师的专业素质水平亟待提高，教师的学历水平大多数还停在本科层次，甚至有些还在专科层次，他们对于专业知识不能进行全局把握，教学知识结构单一，教学方法老旧。从一定意义上讲，教师综合素质的参差不齐，也成为其培养的学生质量不高的原因之一。

（四）学风建设需进一步加强

目前，在大学教育阶段，考试作弊现象渐渐成为一种历史的产物而淡出人们的视野，但是一种新的不正风气正在弥漫着大学校园，那就是学术抄袭。根据调查显示，越来越多的学生由于毕业论文设计重复率极高，未通过考核不能顺利毕业，只能肄业。这种现象不仅发生在毕业论文设计上面，而且经常发生在学术论文的发表上面。抱着“天下乌鸦一般黑，天下文章一大抄”的心态，不少大学生，甚至老师铤而走险，将别人的理论成果直接拿来

---

[1] 赵丽，马维纲：“构建研究型大学本科人才培养模式探索”，载《高等工程教育研究》2007年第6期。

[2] 刘芳：“我国高校人才培养存在的问题及对策”，载《中国科教创新导刊》2007年第8期。

用，造成众多的学术侵权现象发生。侵权不可怕，可怕的是，众多高校并没有对此行为加以规范，造成大学校园的整体学术氛围相当恶劣，这对于高校的人才培养来说，无疑是一种重大失败。

（五）缺乏与专业相关的课外实践

“纸上得来终觉浅，绝知此事要躬行。”几千年前，中国古人就教育我们“实践出真知”，实践才能更好地检验我们所学到的东西到底可不可靠。而现在，我国的普通高校不仅在专业教育方面缺乏重视，在专业实践方面更是让人担忧。按照我国普通高校的培养模式，一般会在大学生即将毕业的最后半学期或者最后一年建议其到社会中去实践，但学校却没有或者甚少安排学生到相对固定的、与专业对口的，或者是与校方建立联合培养协议的企业单位去实习，相反都是让学生自己去找实习单位，结果可想而知，众多的学生是根本没有实习或者随随便便找个单位盖上单位公章以示其已经实习，大学生社会实践的真正目的显然没有达到，而学校也从来不关心或者不重视学生的专业课外实践，学生的专业培养计划进一步缩水。

此外，在我国普通高校的人才培养中还存在一些具体的问题如：教育经费、教学设备、图书等教育资源短缺，师资力量不足；教学和科研关系脱节，教学和科研的融合和互动不能令人满意，教学中普遍存在重科研轻教学现象；学生专业理论基础知识不够扎实，自学能力、创新能力、实践能力、动手能力和表达能力还有待进一步加强；学生的综合素质有待进一步提高等。

二、造成这些问题的主要原因

（一）传统的教育体制存在弊端

仔细分析在当前中国社会下成长起来的大学生们，哪一个不是规规矩矩地读完小学读初中，读完初中考高中，考完高中考大学，考完大学考研究生，考完研究生考博士。逢进必考本身没有什么问题，但是中国教育的严进宽出模式，却存在很大弊端。学生在高考阶段为了进入一所好的大学，奋发图强，大学不易进入，却易毕业。众多高校面对教育部的招生压力，一批学生还未培养成功，下一批学生就要被扩招进来，学校只能在培养学生的学术能力上下工夫，对专业素养的培养却只能忽略，如此往复，形成恶性循环。此外，在大学课程的设置方面，由于我国缺乏综合型人才，国家为提高学生的综合素质，普遍要求高校对学生开设较多的像政治、英语、会计、数学、宏微观经济等类型的公共课程。殊不知，术业有专攻，传统的教育体制再一次误导了许多人。

（二）高校扩招使得优质高等教育资源不足

近些年来，为响应国家高等人才培养计划，我国各地高校都纷纷开展大学扩招政策，但面对越来越多的生源，许多高校原本已经饱和的教育资源在此时显得捉襟见肘。为此，高校不得不筹集资金扩大办学规模，投入到大型固定资产等基础性设施建设上，比如兴建教学楼、宿舍等。然而，一方面，随着高校自主化运营改革的深入，财政拨款占高校收入比例的下降，迫使各校不得不大规模地借款筹资进行扩建，形成财政危机；另一方面，直接用于人才培养的资金也不多。资源分配不合理，造成教学设备、师资力量不足等教育资源短缺问题凸显，教师综合素质依然不高，人才培养模式也亟须改革。

（三）经济发展新时期赋予高等教育新内涵❶

不少高校出于提高科研水平、快出科研成果、促进教学工作的良好愿望，从指导思想上把科研放到了十分重要的位置，在有关奖励、晋升、分配等制度上大幅度向科研倾斜，偏离了高等学校要以培养人才为中心的根本宗旨。教师为了满足职称评定和考评对科研和研究论文的需要，开始放松教学工作，而将主要精力放在课题的申报、经费的申请、论文的发表、专著的出版以及奖励的获得上，不愿意探讨教学方法、教学业绩的得失，教学内容陈旧乏味、教学方式照本宣科，导致学生分析问题的能力和应变能力得不到锻炼，科研的新成果不能充实到教学之中，科研的新动态不能反映到教学之中。教师指导学生的时间非常有限，而且缺乏与学生进行科学方法的交流和研究，导致高水平的研究论文太少。

（四）就业压力迫使大学人才培养走向功利主义

面对飞速发展的社会经济和对多样化专业人才的需求，为提升高校的毕业生就业率，许多大学开始自觉或不自觉地调整其人才培养目标和教学计划，试图培养“专才加通才”的毕业生。在学习公共课的同时，开展各式各样的专业课程，并以之作为“通识教育”的内涵。然而，他们却忽略了学生们的自我发挥以及对其实践能力的培养，没有将重心放在与专业相结合的课外实践上，反而是变着花样搞理论，学生们画猫不成，画虎不像。造成许多招聘单位和已毕业学生普遍感觉专业知识体系不够健全和系统，书本知识吃不透，基础知识学得不扎实，动手能力不强，专业特点不明显。

---

❶ 华小梅，丁坚勇，康俊明：“高校人才培养中存在的问题及对策”，载《中国电力教育》2009 年第 4 期。

三、提高人才培养质量的应对策略

（一）建立多层次人才培养目标

不同层次和不同类型的院校，应该根据自身的特点和优势确定自身的人才培养目标，这样应用型、专业型、复合型的人才才能满足社会的需求。[1]当前教育部提出培养创新型的人才，但是高校不能盲目跟风，创新型、学术型的人才培养任务主要来自研究型大学，一般的本科院校和高职高专院校不能舍本逐末忘记自身的特点，放弃自身优势乱模仿。高校人才培养成功的一个重要特点是其所培养人才的特色性和专业对口性。如此，才能得到社会的认同。

（二）优化课程设置体系

对我国普通高校的课程设置进行全面改革，应改变公共课与专业课长期比例不协调的问题，并结合实际，统筹兼顾，认真探索通识教育与专业教育整合的原则与机制。首先，删除一些空大泛的公共课程，增加一些与专业相关或相近的课程，强化学生专业课的主阵地；其次，加强基础课程的开发，也就是通识课程的开发以改变高校基础课程贫乏的局面。比如，高校可以适当开发一些人际学、管理学、自然科学、法律学等课程以丰富高校的基础课程内容，提升学生的思维拓展；最后，针对课程条块分割的现状，高校课程要实行综合化改革，注重学科之间的交叉与相互渗透，同时适当地增加跨专业、跨学科的选修课程，打破各学科的壁垒，将一些相近或相关的专业连接或合并起来构成新的课程体系，为学生提供多学科的知识与思维方式，形成整合的视野和价值观念，从而对专业认知更加丰富。

（三）提升师资队伍综合素质

教师的基本职责是教书育人，然而高校的人才培养却要求教师有更高的综合素质，这包括思想素质、道德素质和业务素质。教师思想素质的提升，有助于其在热爱教育事业、忠于职守、任劳任怨等思想下，行动上做到“身正为范”，因此学校要不定时地开展专门针对教师的思想素质教育；教师高尚的品格能够对学生起到潜移默化的作用，成为学生效仿的榜样，因此学校要尤其加强教师在学风建设方面的带头作用，杜绝论文抄袭等不良风气的产生；提升教师的业务素质，这样才能保证“学高为师”，具体做法如下[2]。

---

[1] 袁东华：“高校人才培养方案中存在的问题探究”，载《高等理科教育》2007 年第 3 期。

[2] 华小梅，丁坚勇，康俊明：“高校人才培养中存在的问题及对策”，载《中国电力教育》2009 年第 4 期。

1. 建立科学的教师考评机制，调动每个教师工作的积极性。对于一些科研能力强、科研兴趣浓厚、在科研上有潜力的研究型教师，考核时在不忽视教学的基础上，侧重科研成绩；对于纯粹的教学型教师，则可以侧重考评教学的成绩。

2. 将教师教学与教师晋升（职称、工资）直接挂钩，实行教学工作一票否决制，确保教学工作的中心地位；并在教师的实际工作中对教学的质和量要做出硬性规定和要求，教研论文、教研成果、教学工作量等都应在各项考评和晋升制度中得到充分的体现。

3. 提倡教学改革。课程教学内容上要更加注重基础教学和反映当代科学技术进步，学院要制定规章制度要求教师在课堂上讲授学科前沿的研究状况，充实研究的最新成果到教学内容之中。教学方式实行启发性、反思性、互动性教学，强调调查、研究、表达能力的培养，强调理论联系实际。

4. 引进和培养优秀人才以充实教师队伍，增强师资力量，完善青年教师的培养机制，充分发挥老教师的传、帮、带作用，强化教师的责任意识，引导青年教师在努力搞好教学工作的前提下，开展科研工作。

5. 进一步推进我国高校的人事制度改革，改变教师与学校之间存在的严重的人身依附关系的现状，实行流动的全员任聘制度，让教师有危机感，这样教师才会加强专业修养，提高自身的学历层次。

（四）把握人才培养的质和量

面对国家的扩招政策，高校要根据自身的特点，遵循客观实际，实事求是，寻求规模扩大与质量提高之间的平衡。首先，将人才培养的质量作为高校的生命线，确定教学的优先地位，加大教育投入；其次，高校要扩大筹资渠道，集中更多的闲散资金投资于高校软件、硬件建设，提升高校的整体教育资源优势，用社会资金为社会培养出更多有价值的优秀人才；最后，在资金的管理和使用上要加强监管和引导，保证高校资金真正用于提高人才培养质量，促进高校办学规模、质量和效益协调发展。

（五）重视与学生专业相关的课外实践

当前，我国高校在对大学生的教育培养方面，有一个重大的失误是学生的专业素养与专业实践严重脱钩，学校不重视学生校内和校外的实践活动，使得高素质人才的培养流于形式。我国所需的高素质人才显然不是只会“纸上谈兵”的理论人才，更多的还是要被实践检验的人才。因此，高校首先应从态度上高度重视学生的课外实践，尤其是与专业相关的实践活动。此外，学校要积极开发校内实训基地、校内实验室建设，让学生在全仿真的实际环境中开展学习，培养动手能力，积极创造条件，鼓励学生参与科学研究；校外选择一些自然条件好、技术实力强的企业作为学生的专业实践基地，或与一些条件符合的社会企业建立长期的联合培养协议，定期组织学生到校外的这些企业参加实训锻炼，全面提升学生的专业实践能力，进一步优化高校的人才培养模式，为社会培养真正用得上的人才。

（作者单位：北京物资学院劳动科学与法律学院）

参考文献

[1] 赵丽，马维纲. 构建研究型大学本科人才培养模式探索 [J]. 高等工程教育研究，2007 (6).
[2] 刘芳. 我国高校人才培养存在的问题及对策 [J]. 中国科教创新导刊，2007 (8).
[3] 华小梅，丁坚勇，康俊明. 高校人才培养中存在的问题及对策 [J]. 中国电力教育，2009 (8).
[4] 丰硕，于长志，孙伟，王美. 我国行业高校人才培养中存在的主要问题及对策 [J]. 高等农业教育，2012 (4).
[5] 袁东华. 高校人才培养方案中存在的问题探究 [J]. 高等理科教育，2007 (3).
[6] 杨蒙山. 我国高校创新型人才培养中存在的问题与措施 [J]. 枣庄学院学报，2011 (2)，第 28 卷，第 1 期.

企业人力资源管理研究

- 员工试用期管理策略研究
- “企业实力—员工愿力”模型在员工培训上的运用——基于培训战略、培训模式及培训措施的视角
- 基于心理契约构建的新员工入职辅导
- 宽带薪酬模式特点及适用性研究
- 建筑企业人力资源状况及应对策略

员工试用期管理策略研究

王　芬　唐华茂*

内容提要： 试用期是企业和员工相互了解、双向选择的一个重要过程，对员工试用期管理的忽视可能会给企业带来不必要的麻烦，甚至会使企业蒙受巨大的损失。因此，本文通过对试用期相关法律法规的梳理和对企业试用期管理可能存在风险的分析，找出试用期管理存在这些风险的原因，并从企业管理的角度提出相应的对策，使企业能够及时完善管理漏洞，尽可能地减少企业损失。

关键词： 试用期　管理　策略

一、引言

现代企业的竞争归根结底是人才的竞争，面对激烈的人才争夺，企业要想及时挖掘和留住优秀的人才，必须做好人力资源的管理。由于信息的不对称，劳资双方在招聘阶段对彼此的评价并不一定是准确的，可能会出现员工工作能力达不到岗位要求或者员工价值观与企业文化冲突的情况。因此，必须通过一段时间的试用和适应，才能满足劳资双方的期望，保证以后双方的顺利合作。

试用期是每个新员工都必须经历的阶段，是法律赋予劳资双方的一个特殊的磨合时期，也是企业和员工相互了解、相互选择的重要过程，对员工个人和企业的发展都起着非常重要的作用。员工刚进企业时，面对新的工作、新的环境和新的人际关系，难免会面临一些压力和挑战，而试用期就为员工适应和接受新的企业环境和文化，了解工作岗位职责提供了一个时间上的平台；而对企业来说，试用期就是企业对员工工作能力的考察和培养阶段，其

* 王芬，安徽安庆人，硕士研究生，主要从事人力资源管理研究。唐华茂，湖南长沙人，博士，教授，主要从事人力资源管理研究。

最终目的就是为岗位找到合适的人才。

基于此，本文试图通过对试用期相关法律法规的解读，分析试用期管理可能存在的风险，并试图探析存在这些风险的原因，针对这些潜在风险提出改善和解决的方法，以此希望能减少企业因试用期管理不当而引起的一些不必要的风险和损失，从而为构建和谐的劳资关系，提高企业人力资源管理水平和企业竞争力打下坚实的基础，最终提高企业的管理效率。

二、文献综述

通过对试用期相关文献的阅读和整理，发现学者们对试用期的研究主要集中在以下两个方面。

1. 试用期制度研究

《劳动合同法》中虽然对试用期的订立、期限、适用范围等做了较为严格的限制性规定，但学者们对试用期的相关制度规定仍然存在大量的疑问，并指出其存在的不足之处。姜颖（2006）认为，试用期的期限过长，试用期制度改革应以合同期限确定试用期并在整体上缩短试用期限为方向。肖良平等（2008）认为，由于实践的复杂性及立法者的疏漏，试用期制度还存在不足，如没有规定试用期的起算、试用期工资标准不明确、试用期劳动合同的解除存在漏洞等，并呼吁更具操作性法律法规的出台。相比较而言，国内学者通过对国外试用期制度的研究，发现国外试用期制度有很多值得我们借鉴的地方。钱叶芳（2011）通过对国际劳工组织所收集的 76 个国家关于试用期立法的研究，发现国外一般国家试用期的长度都是依据岗位性质和劳动者身份以及企业规模来设置的，并且允许试用期内无条件解除合同，无须遵守解雇理由和解雇通知期要求等。

2. 试用期劳动者权益保护研究

从相关文献的整理结果来看，学者们对试用期间劳动者的权益保护也是非常重视的。周湖勇等（2009）通过列举现实生活中用人单位在试用期内侵权的行为和表现，建议通过完善现行法律制度来进一步保护劳动者在试用期内的权益。闫君（2010）认为，现阶段劳动者的维权途径不够合理，“一裁二审”的劳动争议处理方式存在着成本高、周期长、程序复杂的缺陷，耗时且费力，不利于劳动者对自身权益的保护。曹真（2012）指出，大多数劳动者的法律意识和维权意识不强，劳动者要不断学习和掌握相关法律知识，提升法律维权意识，政府也应加大投入以完善法律条文，增强监督力度。综合来看，还是要从政府、企业和劳动者三个方面进行改善，最终达到维护劳动者权益的目的。

综上所述，学者们主要是从制度和劳动者的角度对试用期进行研究，从企业角度进行研究的还不是很多，特别是对试用期管理可能带来的风险研究还比较少。因此，本文就从企业的角度分析试用期管理不当可能带来的风险，并分析这些风险产生的原因，从而为企业提出有针对性地减少风险的措施。

三、试用期在劳动立法上的相关规定

1. 关于试用期约定的规定

《劳动法》第 21 条规定："劳动合同可以约定试用期，试用期最长不得超过 6 个月。"从这一条规定可以看出，劳动合同中约定试用期并不是必备条款，而是由用人单位和劳动者协商决定是否约定的。一旦约定了试用期，就必须遵守有关试用期的规定。

首先，试用期是用人单位和劳动者双方在平等协商的基础上约定的，不得由用人单位一方强行规定，且最长不超过 6 个月。

其次，试用期按劳动合同期限长短确定并包含在劳动合同期限内。《劳动合同法》第 19 条规定，"劳动合同期限三个月以上不满一年的，试用期不得超过一个月；劳动合同期限一年以上不满三年的，试用期不得超过两个月；三年以上固定期限和无固定期限的劳动合同，试用期不得超过六个月。同一用人单位与同一劳动者只能约定一次试用期。以完成一定工作任务为期限的劳动合同或者劳动合同期限不满三个月的，不得约定试用期。试用期包含在劳动合同期限内，劳动合同仅约定试用期的，试用期不成立，该期限为劳动合同期限"。

再次，《劳动合同法》第 19 条第 2 款规定，"同一用人单位与同一劳动者只能约定一次试用期"，说明当用人单位给员工调换岗位或续订劳动合同时不能再设试用期，对试用期内考察不合格的员工也不能以继续考察为由延长其试用期。

最后，《劳动合同法》中对试用期内的工资也做了规定，第 20 条规定："劳动者在试用期的工资不得低于本单位相同岗位最低档工资或者劳动合同约定工资的百分之八十，并不得低于用人单位所在地的最低工资标准。"并且试用期内员工可享有正常劳动关系中或者劳动合同正常履行期内的全部劳动和社会保险权利。

2. 关于试用期内解除劳动合同的规定

试用期内解除劳动合同分为用人单位解约和劳动者解约两种情况，法律上对这两种情况都做了相应的规定。

对于用人单位解除试用期劳动者劳动合同，很多单位对此存在一些误解，认为只要简单地向劳动者说其不符合录用条件即可，而不用给出其他理由，其实这是错误的理解。《劳动合同法》第 21 条明确规定，用人单位在试用期解除劳动合同的，应当向劳动者说明理由。说明用人单位对解除劳动合同必须承担举证责任，并以书面的形式向劳动者说明。另外，用人单位解除试用期劳动者劳动合同无须提前通知劳动者，也不必支付经济补偿金。但劳动者解除试用期劳动合同则无须任何理由，可以随时解除劳动合同，只需提前 3 天通知用人单位即可，通知可以是书面的，也可以是口头的，法律没有明确的要求。此外，劳动者在试用期解除劳动合同无须承担任何责任，包括违约金和损失赔偿等。

当然，遵守法律规定程序解除试用期劳动合同的都无须承担任何风险，但一旦进行了违法操作，则必须承担相应的责任。劳动者违法解约要承担违约金责任和损失赔偿责任，而用人单位则要根据劳动者意愿确定是否继续履行劳动合同，劳动者不愿继续履行劳动合同的，用人单位应当按双倍经济补偿金标准向劳动者支付赔偿金。

四、试用期管理存在的风险

由于试用期是劳动用工期间的一个特殊时期，如果企业对其管理不善，则会引发一系列的风险，对这些风险的清醒认识不仅有利于企业及时采取措施防范和规避风险的产生，也有利于企业管理系统的优化和改善，提高企业管理效率。

1. 劳动争议风险

虽然试用期最长不超过 6 个月，时间相对较短，但也是劳动争议的多发时期，具体争议体现在试用期的约定期限、试用期的延长、试用期的工资福利以及试用期内劳动合同的解除等方面。劳动争议作为员工关系中的重要内容，其处理得当与否直接影响着用人单位的外部形象，处理不好，则不利于企业人才引进计划的实施，甚至会给企业带来巨大的损失，使企业丧失人才竞争优势。

2. 员工流失风险

对于刚进企业的员工来说，面对新的工作环境，往往会产生巨大的压力，在与各种新鲜事物的磨合过程中，一旦感到不适，内心极易滋生离职的念头。有调查显示，员工初到企业的阶段已经成为离职高发阶段，试用期员工流失率达到了50%以上，部分高科技企业甚至高达90%。员工的流失不仅增加了企业在招聘和培训等方面投入的显性成本，也会增加因职位空缺而引起的效率和机会成本的损失。

五、试用期管理存在风险的原因

劳动争议和员工流失是企业试用期管理极易出现的两大风险，究其原因，主要有以下几个方面。

1. 企业违规操作试用期

虽然《劳动合同法》明确规定了试用期内用人单位与劳动者的权利义务关系，但实践中还是有很多企业采取各种手段来逃避法律规定的义务，有意曲解法律法规对试用期的相关规定，做出对劳动者权益有损的事情，如通过规章制度规定试用期期限而非通过协商进行约定、试用期内无故辞退劳动者、试用期不与劳动者签劳动合同且不为劳动者办理社会保险等。企业对试用期的滥用，表面上给企业带来了一定的好处，实质上却成为企业各种风险的导火线，不利于企业的长久发展。

2. 劳资双方沟通不顺畅

由于信息的不对称，用人单位和劳动者仅凭在招聘阶段的了解并不能掌握彼此全部的信息，试用期就是这样一个让彼此进行磨合、深入了解的阶段。很多企业由于急于招人，在招聘过程中对岗位的胜任条件、企业文化等介绍的并不详细，而且对刚招进来的员工也是不闻不问，采取放任自由的管理方式，没能及时引导其融入整个工作团队，最终导致其由于缺乏胜任力或归属感而流失，给企业带来损失。

3. 试用期“潜规则”盛行

不同的职场存在不同的“潜规则”，而这主要是受企业文化和岗位职能的影响。近日，相关调查就评选出了大家公认的试用期潜规则“七宗罪”，主要有没话语权、经常被要求加班、老员工倚老卖老、坐“冷板凳”、被同事排挤、背黑锅和不安排实质性工作。对于试用期内的员工来说，更容易感受和遭受到老员工的这些“潜规则”，如果企业不建立一个顺畅的沟通平台，注重对新员工的情感关怀，极易引起试用期内员工的离职。

4. 试用期考核制度不完善

试用期考核是对用人单位人员入口的一个重要把关，是疏通不合格人员出口的有效途径。目前，对试用期制度的实施已经非常普遍，但对试用期考核的重视程度却远远不够。很多企业仅仅将试用期当作一个走过场的程序，并没有建立操作性较强的管理规范，没有明确的试用期考核目的，也没有具体的考核方法，使试用期制度流于形式。即使有的企业建立了试用期考核制度，但也存在考核内容与录用条件脱节等问题。

六、试用期管理的策略

从上文的分析来看，试用期管理存在风险，主要是四个方面的原因。企业要想防范和减少这些风险，就必须及时采取相关措施加强对员工试用期的管理，具体可以从以下几个方面进行努力。

1. 规范企业管理行为

规范企业管理行为，就是要在遵守相关法律法规的基础上不断规范企业的规章制度，并对管理方式不断改进、创新。在对试用期管理的过程中，企业应严格遵守《劳动法》和《劳动合同法》对试用期的规定，在法律规定的范围内合理管理试用期，减少劳动争议的发生，降低试用期管理的法律风险。

另外，企业也应当注重对自身管理行为的约束，对试用期员工进行管理时要依据企业自身的规章制度执行，不要擅自违反既定的制度和规范。同时，企业要清晰地区分试用期、见习期和实习期，科学地界定工作岗位的录用条件并确保员工的知情权，走出试用期管理的误区。

2. 建立有效的沟通机制

沟通是连接人与人之间的桥梁，有效的沟通不仅能及时传递信息，降低沟通成本，还有利于加强企业的凝聚力和向心力。这里所提到的沟通机制不仅包括试用期过程中的沟通，还包括试用期前的沟通，即招聘阶段的有效沟通。

在招聘录用过程中，企业应向应聘人员详细介绍岗位职责与要求、企业文化、员工手册等，还可以安排他们到工作场所观察工作环境，在双方详细沟通的情况下确定是否达成录用意向，同时，企业还可在应聘人员知情的情况下对其做适当的背景调查，尽可能地减少再招聘的成本。在试用期内，企业要创建良好的沟通平台，定期或不定期地与新员工进行有效沟通并做好沟通记录，及时了解他们的思想动态，解除他们不安的心理，增强他们的归属感。

3. 做好入职培训管理

入职培训作为试用期管理的重要组成部分，对降低试用期员工流失的风险具有非常大的作用。员工刚进入企业时，对一切都很陌生，入职培训可以帮助他们深入了解企业的基本情况，培养他们对企业的归属感、荣誉感和责任感，帮助他们尽快地实现角色的转变。

因此，企业要针对试用期内的员工，做好入职培训的工作。一方面，企业要制订完整的培训计划，不仅可以向员工介绍企业制度政策、企业文化和工作内容等方面的内容，还可以在培训中给员工普及一些相关的法律知识，有利于保证双方的合法权益。另一方面，企业也要做好培训结果的反馈工作，使员工意识到自己的不足并不断提高自身素质，为企业最终是否正式接纳员工提供参考。

4. 完善试用期考核制度

试用期考核结果是员工转正的重要依据，企业应建立完善的试用期考核制度并合理地运用考核结果。现阶段很多企业由于缺乏科学的考核措施和考核标准，员工的现实表现和能力素质并不一定能被企业所了解，造成员工试用期之后不一定适用，没有真正建立优胜劣汰机制。

由于大多数试用期员工是处于学习的工作状态，因此应将其工作行为和工作态度作为重点考核的对象，并要按照试用期时间长短对员工进行分阶段的考核。在签订劳动合同时，就要明确试用期的考核标准，帮助员工认识到自己的阶段性目标；在试用期结束后对比每一阶段的考核结果及整体的表现进行评价，针对不足提出改进建议并反馈给员工，帮助和辅导员工不断进步；还可以结合考核结果为员工量身设计个性化的职业生涯规划，使员工与企业达成一份良好的“心理契约”。

七、结论

试用期是员工进入企业首先要经历的阶段，是企业与员工加深对彼此了解的重要时间平台。对试用期管理是否成功，深深地影响着企业的生存与发展。做好试用期的管理，减少因管理问题引发的各种风险，不仅有利于企业留住优秀的人才，减少企业的各种损失，还有利于提高企业整体的管理实力，提高管理效率，为企业的健康、稳定、发展打好良好的基础。

（作者单位：北京物资学院劳动科学与法律学院）

参考文献

[1] 姜颖. 完善劳动合同试用期的立法建议 [J]. 中国人力资源开发，2006（7）：92－94.

[2] 肖良平，张小桃. 试论《劳动合同法》试用期制度的不足及其完善 [J]. 商场现代化，2008（26）：271－272.

[3] 曹真. 试用期内劳动者的权益保护浅析 [J]. 现代商业，2012（29）：93－94.

[4] 钱叶芳. 试用期制度的国际比较与借鉴 [J]. 法治研究，2011（11）：49－53.

[5] 周湖勇，陈静. 对试用期内劳动者权益保护的新思考 [J]. 玉林师范学院学报，2009（6）：29－33.

[6] 刘大卫. 劳动合同试用期部分争议性问题的深层次研究 [J]. 中国人力资源开发，2008（9）：87－90.

[7] 林秀伟. 走出劳动合同试用期的误区 [J]. 中国劳动，2004（9）：65.

[8] 卢方卫. 员工试用期管理的合作博弈分析 [J]. 华东经济管理，2005（8）：120－122.

[9] 郭文龙. 试用期不能以规章制度加以规定 [J]. 中国劳动，2006（1）：44－45.

[10] 丁海防. 论“试用期”条款的理解和适用 [J]. 安徽工业大学学报（社会科学版），2009（3）：53－55.

[11] 靳明惠. 关于加强新员工试用期管理的思考 [J]. 统计与管理，2011（4）：35－36.

[12] 徐丹. 员工试用期管理的法律风险及防范 [J]. 职业，2011（4）：67－69.

[13] 石先广. 试用期员工管理切勿掉以轻心 [J]. 人力资源，2012（5）：62－65.

[14] 李伟. 别只当他“试用品”[J]. 人力资源，2013（4）：36－37.

“企业实力—员工愿力”模型在员工培训上的运用

——基于培训战略、培训模式及培训措施的视角

高　壹*

内容提要：近年来，员工培训为企业带来了巨大效益，得到了企业的高度重视。一般而言，企业越有实力，越重视员工培训；员工对培训越有意愿，企业越重视。基于此，本文提出“企业实力—员工愿力”模型（简称“实力—愿力”模型），并阐释该模型在培训战略、培训模式及培训措施上的运用。本文认为：（1）若企业实力强，员工愿力强，则培训战略：体系化；培训模式：课程配套，创新导向；培训措施：除传统培训手段外，可运用网络远程教育、员工自学、行动学习、公益行动等手段。（2）若企业实力强，员工愿力弱，则培训战略：诱导化；培训模式：个性服务，激情导向；培训措施：建立在员工的具体需求上培训措施均可。（3）若企业实力弱，员工愿力强，则培训战略：自由化；培训模式：人才关注，愿景导向；培训措施：外训，师徒制及基本技能培训等。（4）若企业实力弱，员工愿力弱，则培训战略：放弃化；培训模式：边干边学，任务导向；培训措施：学徒制，任务分配等。

关键词：员工培训　企业实力　员工愿力　“企业实力—员工愿力”模型

一、引言

1. 关于培训与员工培训

培训是企业传递知识技能、文化制度等一系列人力资源开发的管理过程，为企业提供新的工作思路，增长员工才干，促进员工敬业，激发员工创

* 高壹，广东湛江人，硕士研究生，研究方向为人力资源管理。

新的良好途径，从而提高企业产出及效益。员工培训是企业为开展业务及培育人才的需要，采用各种方式对员工进行有目的、有计划的培养和训练的管理活动，如图1所示。

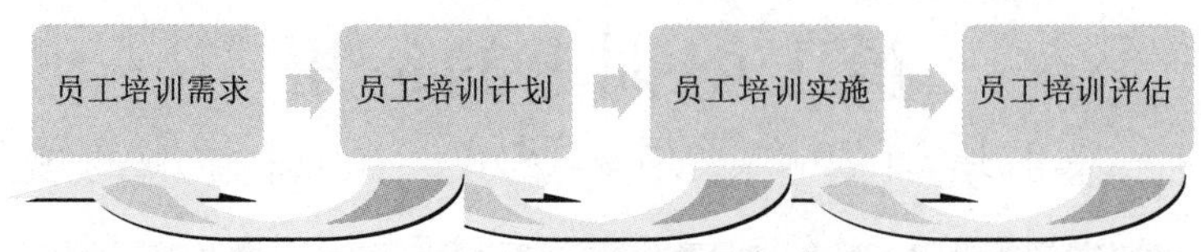

图1　员工培训的基本流程

随着管理的出现与发展，培训作为管理者的一项重要任务应运而生。在不同的管理阶段，培训战略、培训模式以及培训的具体措施等都是不尽相同的，如图2所示。

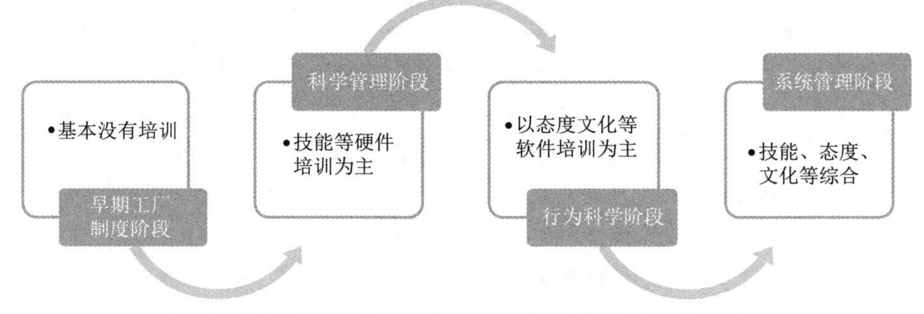

图2　培训在不同阶段的情况

2. 关于企业实力与员工培训

对企业而言，当企业的实力得到进一步的发展时，企业对培训层面的重视程度也会加强，对员工培训在数量上会增加、在质量上会控制。因为企业认识到通过对员工加强培训，能够产生更高效率和更好效果的工作产出，为企业带来更大的效益，从而使企业得到可持续发展。对企业员工而言，成为某一实力强大的企业的职员，自然是希望得到企业对其个人更全面、更具体的培训，包括岗前培训、技能培训和团队培训等各种丰富多彩的培训项目。因此，一般而言，不管站在企业还是员工的角度，随着企业实力的增强，员工接受培训的意愿也愈加强烈，所以企业在企业实力不一样的情况下，对员工培训的决策也是不同的。

3. 关于员工愿力与员工培训

基于亚当·斯密的“经济人”假设，员工也是理性的人，也是追求价值回报的，而培训能够增加其技能，促进其人际关系的改善处理，结果是有利于自身。从这一层面而言，任何员工都是愿意接受企业提供的培训的。根据亚当斯的“公平理论”，当员工感知到其接受培训并没有给其带来相应的收益时，结果倾向不太乐意接受培训，因为员工接受培训的过程也是需要员工付出成本的。所以，员工接受企业的员工培训的意愿强烈程度与其接受培训后所能带来的收益是直接紧密相关的。但是，对企业而言，对员工进行培训能够为企业带来的效益远远大于给员工自身的利益。所以，企业在进行培训决策时需充分考虑“员工愿力”这一因素。

4. 提出“企业实力—员工愿力”模型

目前国内培训以技能传递为主，时间则侧重上岗前。国外以文化为主导的培训居多，时间则贯穿于员工的职业生涯。综观目前国内培训主要的瓶颈是培训需求定位不正确；缺乏科学合理的培训评估系统，甚至部分企业没有树立起培训重要性的意识，造成目前企业培训现状的原因是多方面的，也是复杂多样的。本文选取“企业实力”和“员工愿力”这两个维度，提出“企业实力—员工愿力”模型，在培训战略、培训模式及培训措施三个层次上为企业对其员工培训工作提供参考与借鉴，如图 3 所示。

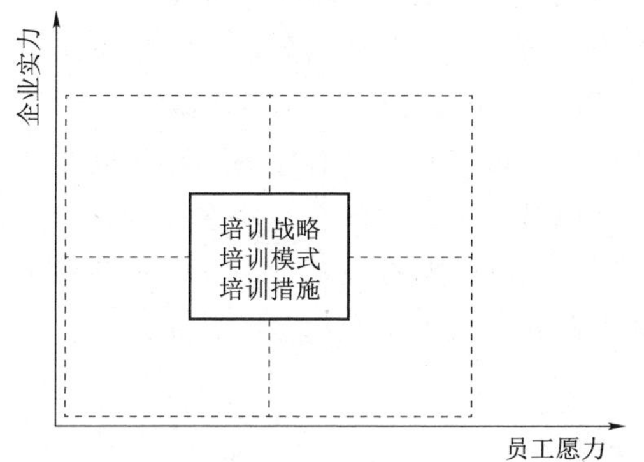

图 3 “企业实力—员工愿力”模型（直角坐标系）

二、“企业实力—员工愿力”模型

1. 模型变量解释

（1）企业实力：企业实力是指企业能够做成某事的效率及效果程度的总和。企业实力的因素包括资金雄厚、制度健全、文化完善、员工优秀等诸多因素。在如何衡量企业实力强弱的问题上，企业在遵从普遍标准的基础上，也有属于自身的评判标准。一般来说，企业的实力强弱，企业经营者是了然于心的。本文将探讨“企业实力强”与“企业实力弱”两种情况下的员工培训决策。若企业实力强，则会增加培训投入，反之则会减少，如图 4 所示。

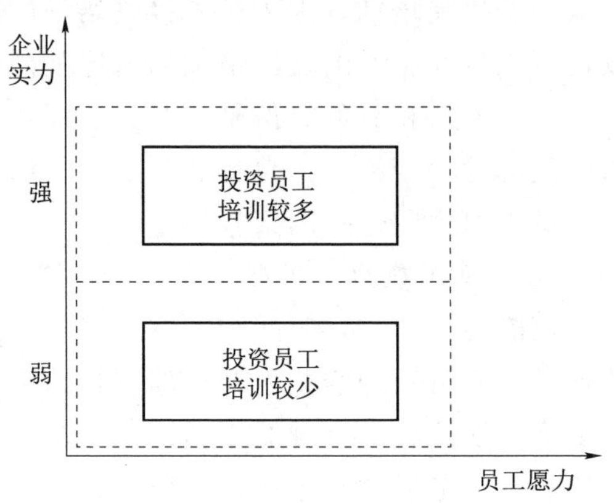

图 4　只考虑企业实力

（2）员工愿力：员工愿力指企业员工从事某工作意愿的程度高低。体现员工愿力的因素包括执行力的快慢、帮助同伴成长的主动性是否积极、分享工作经验的意愿是否强烈和主动及在领导动态环境下工作的主动积极性的高低。“高愿力”意味着该员工非常乐意且主动做事。反之，则是不情愿且较为被动做事。一般而言，员工对培训意愿的强烈程度是企业进行培训决策充分考虑的因素之一。但是，企业并没有针对在员工培训层面没有积极性即培训愿力较低的员工制订培训战略性决策。因此，本文将员工对培训的愿力强弱作为一个维度进行研究。若员工愿力强，则企业的员工培训会增加，反之适当减少，如图 5 所示。

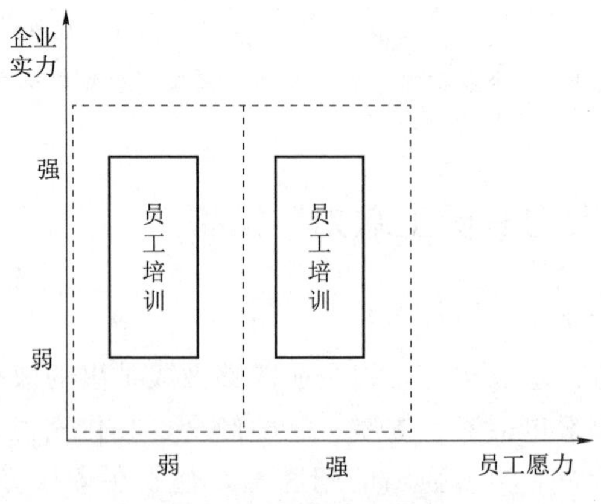

图 5　只考虑员工愿力

（3）“企业实力—员工愿力”模型：管理者作为企业在员工培训上的决策者理应考虑各种因素，从内容上是否能够满足培训对象当前需求、当天的培训是否能顺利进行、培训师准备情况等诸多因素都是要考虑的。本文在除去这些因素影响的基础上，研究“企业实力”和“员工愿力”这两维度对员工培训的影响，并提出“企业实力—员工愿力”模型，且从培训战略、模式及措施三个层面来为企业培训决策者提供工作思维。将“企业实力”分为“强、弱”级别；将“员工愿力”分为“强、弱”级别，该模型得到四种不同情况下的组合。不同组合情况下，企业员工培训的战略、模式及措施都不相同，如图 6 所示。

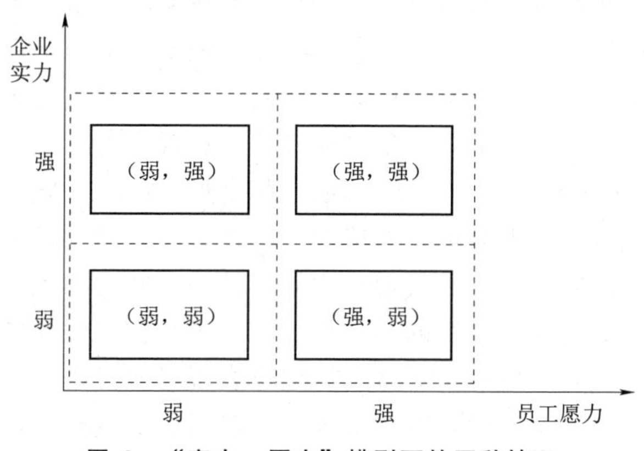

图 6 “实力—愿力”模型下的四种情况

2. 模型逻辑分析

（1）理想情况。一般而言，随着企业实力的增强，企业自身对员工培训的愿力也表现为增加。在实力雄厚的企业里工作的员工本身对培训的愿力也是比较高的。所以，企业实力的变化与员工愿力的变化是同时且从同一个方向变化的，如图 7 所示。这表明，处于箭头上的企业达到企业实力与员工愿

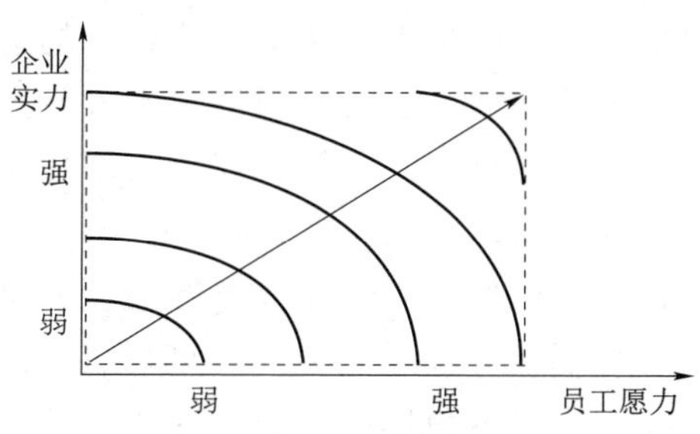

图 7 模型的理想状态

力在培训决策上的完全匹配，而实践中企业不可能很确切地把握其企业实力强弱情况与员工愿力的强烈程度。所以称之为理想状态。

（2）“双弱”情况，即企业实力弱，员工愿力弱。当企业基本没有经济实力的情况下，都不会选择对员工培训投资的加大，而是对业务销售的增强。在没有实力的企业工作的员工对自身的培训要求也不高，所以员工培训的愿力则较低。这种“双低”情况下在目前国内部分企业中，尤其是中小型企业中较为明显。因此，本文认为在此种情况下，作为企业决策层对员工培训应采取的培训战略是放弃化，企业没有实力去对员工进行培训且员工自身不想接受培训，那么企业选择放弃是种战略思维。运用培训模式是边干边学、任务导向、通过具体的项目或工作来学习技能等，所以企业借助任务来引导员工。执行的培训措施是学徒制、任务分配等，从而确保企业工作效率得到保障，实现企业利益及其可持续发展的目的。这对实力较弱、员工愿力较低的企业而言，对员工采取这种培训战略是有现实意义的。

（3）“双强”情况，即企业实力强，员工愿力强。当企业具有雄厚的经济基础时，企业将会加大对员工的培训，因为企业意识到正是加强了对员工培训进行投入才给企业带来了收益，才使得其综合实力得到发展。即实力强的企业对员工培训也是更重视的。一般而言，进入实力强大的企业的员工对其自身成长具有较高的期待，对员工培训也表现得非常乐意，即员工接受培训的愿力是强烈的。基于此，本文认为在“双强”的基础上，企业的员工培训战略是“体系化”。企业有实力构建培训体系，员工有愿力支持参与培训，所以战略思维是培训体系化。运用培训模式是课程配套、创新导向，具有经济实力保证培训，员工都愿意培训，所以形成一整套的学习成长课程，而且重点引导员工进一步创新。执行的培训措施是除了岗前培训、技能培训等传统培训手段，网络远程教育、员工自学、行动学习、公益行动等手段也可以适时运用。如图 8 所示。

（4）“实强愿弱”情况，即“企业实力强，员工愿力弱”情况。一般而言，想在实力雄厚的企业工作的员工对接受企业给予的员工培训是非常愿意的。但在企业实际的员工培训中，也会出现员工不太愿意接受培训即员工愿力低的情况。当员工感觉员工培训并未能为其收入增加做出贡献时，此时员工会拒绝浪费时间精力等参与培训；当员工感觉员工培训并未能解决其当前工作生活上的瓶颈时，员工仍然拒绝参加没有针对性的培训。但是企业要进一步扩展，需要进一步提高员工的工作效率，那么则需要加强对员工的培训。本文认为，当面临“员工不想接受培训，企业要给予员工培训”的情况时，企业的培训战略应是“培训诱导化”，不是强迫而是在充分了解员工需

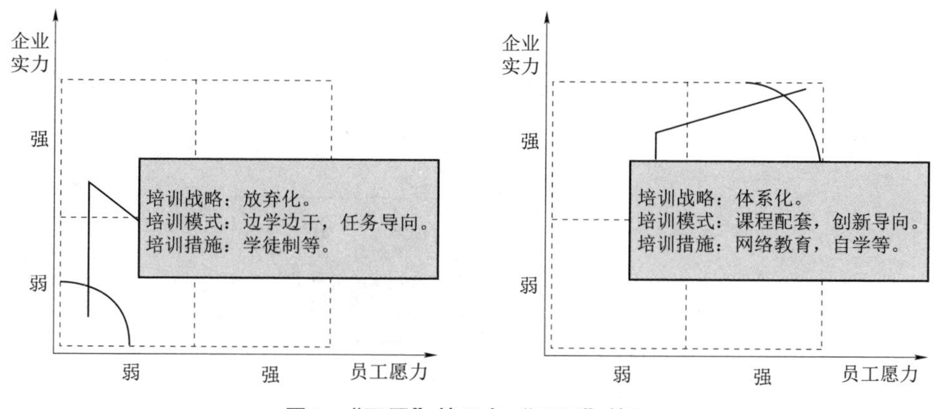

图 8 “双弱”情况与“双强”情况

求的基础上进行针对性的培训，引导员工愿意参加培训。运用的培训模式是个性服务，激情导向。因为企业实力允许，所以对员工不同需求都可能满足，因此通过为员工进行个性服务，激发员工对培训的激情，达到诱导员工进行培训的目的。执行的培训措施有与传统差不多，但一切建立在员工的具体需求上。

（5）“实弱愿强”情况，即“企业实力弱，员工愿力强”情况。一般而言，实力较弱的企业尽管意识到员工培训可为企业带来收益，但因成本问题也会在一定程度上减少对员工的培训。但在企业实际的员工培训中，存在员工非常想要接受培训即“员工愿力高”的情况。当企业未能满足员工需要时，员工工作积极性将受到一定程度上的影响，从而不利于企业的发展。相反，企业可以利用员工对培训的积极性，尽可能地降低成本来实现员工培训。当员工对培训的愿力很强烈时，员工除了要求企业给以相应的培训安排之外，自身也将会发挥主观能动性寻找可培训的资源。因此，本文认为在“实弱愿强”的情况下，企业的员工培训战略为“培训自由化”。若员工强烈需求培训则表示企业应对其给以培训，若无法满足则可提供外训。而且对于非常愿意接受培训的员工而言，员工自身会发挥主观能动性参与培训。培训模式是人才关注，愿景导向。在没有足够资金的情况下，要抓关键岗位关键人才。培训措施主要有外训、师徒制及基本的技能培训等。如图 9 所示。

三、研究结论

1. 通过上述模型机理及机制分析，总结得到“企业实力—员工愿力”

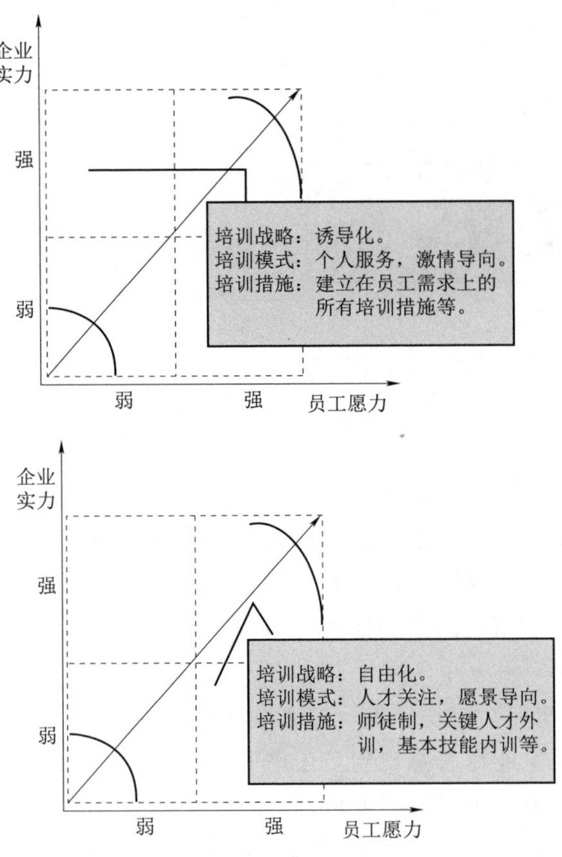

图 9 “实强愿弱”情况与“实弱愿强”情况

模型，如图 10 所示。本模型的提出为企业在员工培训方面的工作提供了指导与借鉴。在关注企业自身实力对员工培训的影响外，也注意到了员工培训的愿力。面对各种不同的企业实力和员工愿力情况，企业可根据相应的模型进行培训战略、培训模式及培训措施的确定。

2. 从模型分布来看，培训放弃化与培训体系化为本模型的两个极端情况。目前少数企业都没有处于“培训放弃化”阶段，但同时也没有达到“培训体系化”阶段。而大部分企业都处于“培训自由化”及“培训诱导化”阶段。因此，通过“企业实力—员工愿力”模型，企业可以根据自身实力对员工培训进行决策，不再盲目地对所有员工都进行同样的培训安排，而根据员工自身对培训愿力的强弱进行决策。

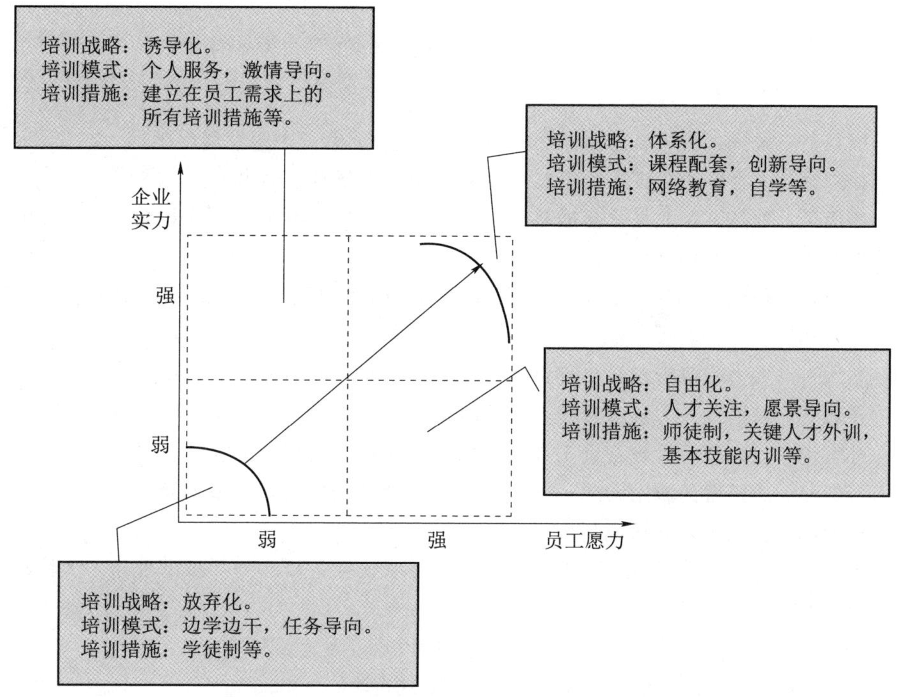

图 10　“企业实力—员工愿力”模型

四、未来研究方向

1. “企业实力”指标具体化

通过哪些细化指标确定企业实力的强弱。试想可以通过建立多维问卷，并进行实证研究，最后确定“实力”的具体指标。

2. “员工愿力”指标具体化

通过哪些细化指标确定企业实力的强弱。试想可以通过建立多维问卷，并进行实证研究，最后确定“愿力”的具体指标。

3. “企业实力—员工愿力”模型在培训工作中的实际运用，即模型的实证研究

该模型能为企业培训决策者针对不同员工制定不同的培训战略、培训模式及培训措施，但在企业实际培训运作当中，该模型能否发挥作用等问题，还有待于进一步的实证研究。

（作者单位：北京物资学院劳动科学与法律学院）

参考文献

[1] 唐长虹．敏捷：供应链总监的10个角色 [M]. 北京：中国发展出版社，2010.

[2] 彭剑锋．人力资源管理概论第二版 [M]. 上海：复旦大学出版社，2011.

[3] 蔡成喜，刘越．企业文化落地路径新论——基于员工组织社会化视角 [J]. 中国人力资源开发，2013 (13).

[4] 韩小良，任殿梅．Excel高效人力资源管理实用案例版 [M]. 北京：中国铁道出版社，2013.

[5] 胡八一．人力资源管理热点难点透析 [M]. 北京：人民邮电出版社，2009.

[6] 杨毅宏，魏平．人力资源管理全案 [M]. 北京：电子工业出版社，2009.

[7] 孙宗虎．人力资源管理咨询工具箱 [M]. 北京：人民邮电出版社，2009.

[8] 吕新萍．志愿者的激励问题——志愿行为持续性的影响因素及对策 [J]. 中国人力资源和社会保障发展研究报告，2010.

[9] 萧鸣政，郭丽娟，顾家栋．中国人力资源服务业白皮书2009 [M]. 北京：人民出版社，2009.

[10] 尹丽莉．日本企业培训制度研究 [D]. 四川师范大学，2008.

[11] 晋银峰．我国企业培训模式研究 [D]. 河南大学，2002.

基于心理契约构建的新员工入职辅导

东方慧博研究院

内容提要：试用期是新员工入职后感觉最“陌生”、最缺乏“安全感”的阶段，同样对于企业来说，也是对员工能力和风格最容易产生“质疑”和“误解”的阶段，从东方慧博历年的猎头服务案例中分析，中高层人才试用期离职风险是企业和候选人最为关注的问题，试用期离职对企业和个人都会造成时间成本以及经济上的损失。本文作者总结多年猎头以及测评咨询项目服务经验，从员工心理契约的角度出发，开发了相应的试用期辅导工具和方法，有效降低试用期离职风险的发生。

关键词：心理契约　招聘　入职辅导

一、心理契约是维系员工与企业之间合作关系的内在动力

心理契约是一种主观观念，在企业跟员工互动的情境下，员工与企业之间相互具有责任和义务的一种信念。心理契约是联系企业与员工之间的心理纽带，是影响员工工作态度和行为的重要因素，它会影响到员工的工作绩效、工作满意度、对组织的情感投入及员工的流动率等。员工心理契约构建不是“一蹴而就”的，而是在与企业“互动”过程中从初识到了解，最后到认同的“信任”的建立过程，是“相知、相识和相信”的三部曲（见图 1）：

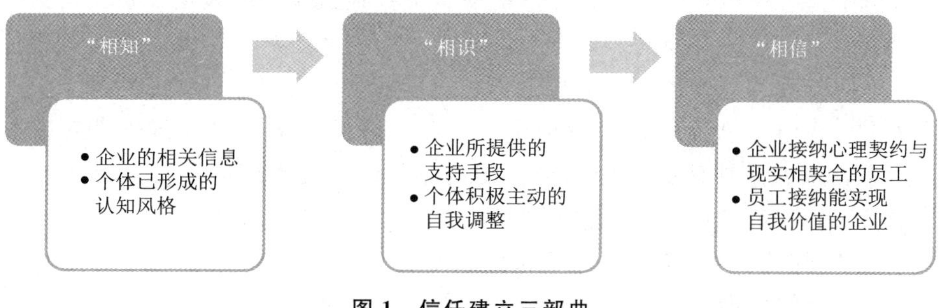

图 1　信任建立三部曲

心理契约构建三部曲首先强调员工与企业之间的“互动”，虽然企业的文化、制度等内容具有较明显的“刚性”特征，不会为了适合某位员工而轻易地改变；但在员工心理契约建立过程中，员工更需要主动的适应过程；企业如果能在员工的“适应过程”中给予主动的、适度的干预，则更有利于引导员工积极的认知。

其次心理契约构建三部曲强调在不同阶段需要关注不同的重点：

（1）“相知”阶段最需要的是“一见钟情”，这也是影响心理契约构建最关键的阶段，这个阶段的主要因素有：企业文化的感受、人际关系的感受。在这个阶段员工最容易从企业的“规章制度”内容、文化宣传海报、部门或公司活动、工作任务分配和安排中感受到企业文化和人际关系、领导风格等。

（2）“相识”阶段是员工入职“蜜月期”最容易波动的阶段，随着企业员工彼此了解的深入，员工开始对“初识”进行调整。此时，容易产生影响彼此“认识”的因素最易通过以下几方面发挥作用：工作任务安排标准、内容、要求以及授权、团队或部门之间的协作支持程度、个人在任务执行过程中的主动意愿以及执行能力、员工与上级之间的沟通等。

（3）“相信”阶段其实是心理契约构建的一个结果形成阶段，同时也是企业对员工做出试用期是否符合录用标准的第一次判断，这个阶段最为关键的影响因素主要是：工作结果以及对结果的反馈沟通。这一因素双方都会通过薪酬考评体系判断相互“期望”之间的差距，以及相互“承诺”是否能够兑现，从而对“分手”还是“转正”进行判断；同时，在转正的判断下，双方通常会有希望对方改进的“期望”，而如果这种“期望”处理不好，仍然会影响员工转正后的绩效发挥以及彼此的心理契约稳定性。

二、促进员工积极的心理契约需要组织适度的“干预”

员工是心理契约构建的主动适应方，但是在试用期阶段由于员工与组织彼此陌生，在信息交换与沟通上存在天然的障碍和困难。因此，组织如果能根据不同阶段的主要因素，采用适当、适度的干预或引导，势必有利于彼此的认知、理解，从而降低或减少员工消极心态的发生，提高试用期转正的成功率。东方慧博认为试用期员工的辅导应该围绕不同阶段的关键因素进行（参见图1），通过建立有效的、系统的沟通机制来实现。

1. “相知”阶段建议的沟通机制包括

（1）时间周期控制：建议在入职的第一个月完成。

（2）对企业文化的宣传和讲解。可采取的方式有：高层对话、老员工对话、资料宣传片、新员工提交纸质版的入职感受。

（3）至少提供1次员工的个人访谈，如果属于猎头推荐的候选人，建议由猎头顾问配合共同完成访谈工作。主要需要了解的是：员工对企业文化的感受、对组织业务流程的了解程度、对上级领导以及团队成员工作风格的了解和认可程度、员工有哪些困难和不安等。

（4）新员工的集体活动，建议有老员工的参与，降低新员工的陌生感，更快融入组织。

2."相识"阶段建议的沟通机制包括

（1）时间周期控制：第2～3个月完成，如果试用期为三个月的时间，那么时间周期控制为第2个月完成。

（2）建立三方沟通机制，以减少误解、促进共识为目的。

首先，由人力资源部和猎头顾问了解工作内容、执行过程中的问题以及目前的结果，了解员工在此期间工作上有哪些困难或需要组织帮助疏导的压力。

其次，人力资源部与部门负责人或直接上级的沟通：一方面针对新员工访谈中的问题与直接上级进行必要的沟通，以减少误解、加强配合为最终目的；同时，也了解部门经理或直接上级在此期间有哪些想法，对已经有误解的方面，做好双方必要的解释。

最后，在人力资源部的配合下，指导或要求直接上级与员工针对工作安排、进度执行等进行一次沟通，并要求完成沟通记录。

3."相信"阶段建议的沟通机制包括

（1）时间周期控制：第4～6个月（如果试用期为三个月的时间，那么时间周期控制为第三个月，且要在试用期结束前10天完成）。

（2）以试用期工作结果的评估沟通为主，人力资源部设计试用期评估问卷，要求部门负责人或直接上级进行结果评估；同时，针对成绩进行新员工工作是否胜任、工作优劣势的分析以及后期提出用人建议。

（3）人力资源部针对评估结果，与员工进行沟通，了解员工对评价结果的意见，并做出相应的处理。

三、小结

新员工入职辅导本质上是一个沟通的过程，有效的沟通是帮助新员工建立积极的心理契约的基础保障。当新员工入职后所"知"逐渐增多时，受个体特征影响会产生千变万化的“判断”，因此，从组织层面出发，员工试用期的辅导意义就是在试用期内尽可能地避免因为沟通不畅产生误解导致的员工能力无法正常发挥或无法客观评价。而从员工个人层面上则可以通过有效的沟通机制，建立对组织的信任感，引导员工建立积极的工作意愿，更好地调动其主动适应能力。

参考文献

[1] 周希奇．新员工培训应有哪些内容［J］．人才资源开发，2006，(12).
[2] 万品鑫．以正向激励促进员工素质提升的实践与思考［J］．中国电力教育，2012，(33).
[3] 姚琦，乐国安．企业新员工工作期望与组织社会化早期的适应：领导——部属交换的调节作用［J］．南开管理评论，2011，(2).
[4] 周菲，高英，袁少锋．心理资本与知识型员工组织承诺的关系探讨［J］．科技与管理，2009，(4).

宽带薪酬模式特点及适用性研究

牛　琛*

内容提要： 宽带薪酬在国外作为一种新的薪酬管理方法被广为推介，从原来注重岗位薪酬转变为注重绩效薪酬。宽带薪酬作为一种新型薪酬设计体系为企业薪酬设计提供了一种新的思路，其本身具有突破传统等级观念、更大限度地调动员工工作积极性等特点及优势，能够激励企业员工的积极性，提高企业人力资源管理水平，从而促进企业运营绩效的提高，但其在应用上对企业的人力资源管理体系有较高的要求，并不是所有企业都适用宽带薪酬模式。本文就宽带薪酬模式特点及适用性进行研究，为企业合理选择提供参考。

关键词： 薪酬管理　宽带薪酬　适用性

一、引言

随着经济的不断发展，人才的竞争日趋激烈，用人单位都希望能够吸引并留住优秀的人才，而吸引人才的一个重要筹码就是员工的薪酬。在我国传统的薪酬制度中，定人定岗、定岗定薪已经成为一个不成文的规定，只有提升岗位级别才能突破原先的工资级别，而这样带来的一个直接弊端就是：在固定岗位上，员工干得再好，也很难得到加薪，唯一的奖励只有以奖金形式发放的补贴。“宽带薪酬”是人力资源薪酬管理中出现的一种新理念，近年来备受关注。作为新型的薪酬管理模式，宽带薪酬的实质是绩效薪酬，与传统薪酬相比具有可以最大限度地调动员工工作积极性的优势。但是，宽带薪酬对于应用环境有着较高的要求，其适用性也需要结合具体情况进一步研究。

---

* 牛琛，山西太原人，硕士研究生，主要从事社会保障研究。

二、宽带薪酬的含义及特点

1. 宽带薪酬的概念

宽带薪酬又称海氏薪酬制，是由美国薪酬设计专家艾德华·海于1951年研究开发出来的。根据美国薪酬管理学会对宽带薪酬的定义，宽带薪酬结构就是指对多个薪酬等级以及薪酬变动范围进行重新组合，从而变成只有相对较少的薪酬等级以及相应的较宽的薪酬变动范围。宽带薪酬基于岗位价值和市场薪酬水平，将原来较多的薪酬等级重新组合成少数几个薪酬等级，同时拉大每个薪酬等级所对应的薪酬浮动范围，从而形成一个新的薪酬管理系统及操作流程。宽带中的"带"是指工资级别，宽带则指工资浮动范围较大，其实质就是从原来的注重岗位薪酬转变为注重绩效薪酬。宽带薪酬模式注重绩效，职级减少，多个岗位被归到同一职级中，将宽带拉大，使员工薪酬有更加灵活的升降幅度。一般来说，每个薪酬等级的最高与最低值之间的区别变动比率可达到100％或更高。一种典型的宽带薪酬体系可能只有4个等级的薪酬级别，每个薪酬等级的最高值与最小值之间的区间变动比率可能达到200％～300％，而在传统薪酬结构中，同一职位等级上的薪酬浮动范围通常只有40％～50％。宽带薪酬以绩效和能力为本质内容，弱化员工对职位名称和等级的重视，注重员工的个人成长和多种职业轨道的开发。其设计思想是将薪酬与新技能的掌握、能力的开发、更为宽泛职责的承担以及最终的绩效联系在一起，在促使员工实现自我价值的同时也实现了企业的长远发展。

2. 宽带薪酬的特点及作用

与企业传统薪酬模式相比，宽带薪酬模式具有以下四方面特征和作用：

（1）有利于突破传统等级观念，促进组织结构扁平化发展。传统薪酬结构采用的是等级制的薪酬管理模式。有关研究表明，行政职位级别的等级森严往往会导致企业结构僵化和低效管理。而扁平的组织结构，强调团队协作，组织划分等级较少，采用同一等级内工资范围跨度很大的宽带薪酬管理模式，员工在同一级别的内部差距拉大，使得员工虽然级别没有提升，但薪酬水平也有足够的提升空间。这种模式打破了在传统的薪酬设计体系下，只有职位级别的提升才会带来薪酬水平的提高的观念，确保了对员工的有效激励。也有利于企业提高效率以及创造参与型和学习型的企业文化，有利于保持企业自身组织结构的灵活性和迎接外部竞争。

（2）引导员工重视个人技能的增长和能力的提高。在传统的薪酬结构中，员工薪酬的增长取决于岗位或职务的提升，即使其能力达到了较高水平，企业中如果没有职位空缺，仍然无法获得较高的薪酬。而在宽带薪酬体系设计下，即使是在同一个薪酬宽带内，企业为员工所提供的薪酬变动范围会比员工在传统薪酬结构的多个等级中可能获得的薪酬范围还要大。因此，员工不需要为薪酬的增长而去计较职位的晋升等问题，只要努力提高自身的技能水平就有可能获得满意的薪酬，从而也促进了公司的发展。

（3）有利于职位轮换和培育员工在组织中跨职能成长的能力。在传统的等级薪酬结构中，员工的薪酬水平是与其所担任的职位严格挂钩的。同一职位级别的变动并不能带来薪酬水平上的变化，但是这种变化使得员工要不断学习新知识、掌握新技能，从而加大工作的难度和辛苦程度。因此，员工往往不愿接受职位的同级轮换。而在宽带薪酬体系中，由于薪酬的高低是由能力而不是由职位来决定的，员工愿意通过相关职能领域的职务轮换来提升自己的能力，以此来获得更大的价值回报。

（4）有利于提升企业的核心竞争优势和企业的整体绩效。在宽带薪酬中，上级对下级员工的薪酬有更大的决策权，从而增强了组织的灵活性和创新性，有利于提高企业适应外部环境的能力。同时，宽带薪酬通过将薪酬变化与员工的能力和绩效表现挂钩，向员工传递一种以绩效和能力为导向的企业文化，来引导员工之间的合作和知识共享，以此来培育积极的团队绩效文化，从而在很大程度上提升了企业的凝聚力和竞争力。

但是宽带薪酬在具有自身优势特点的同时也不可避免地存在一些弊端，如过于强调绩效会使员工归属感降低，员工间竞争激烈的同时引起企业外部竞争力下降。此外，横向式的发展也会使员工较为容易满足现状，降低其对高层次目标的追求。

三、宽带薪酬的适用性

1. 宽带薪酬的设计流程

宽带薪酬的应用首先需要制订适合企业的薪酬战略。企业薪酬战略是企业人力资源战略的重要组成部分，在进行薪酬体系设计时，应体现对企业战略、核心竞争优势和价值导向对人力资源尤其是对激励机制的要求；其次，选择适合于运用宽带技术的职务或层级，工作的性质对薪酬模式的选择具有重大影响；最后，运用宽带技术完善企业的薪酬体系，包括确定宽带的数量、根据不同工作性质的特点及不同层级员工需求的多样性建立不同的薪酬结构、确定宽带内的薪酬浮动范围、明确宽带内横向职位轮换、做好任职资格及工资评级工作、做好薪酬方案的控制与调整等内容。

2. 宽带薪酬的适用要求

（1）与企业人力资源管理战略相融合。宽带薪酬与传统薪酬模式相比具有较强的激励性、灵活性等优势，但其应用必须与企业的人力资源管理战略相融合，绝不能仅依靠单方面的变革。此外，宽带薪酬并不是基本工资中必备的技术手段，也不是一成不变的，它必须随着企业战略调整相应发生变化，使二者更好地融合在一起。宽带薪酬的最终目标是推动人力资源管理，从而服务于企业战略。

（2）健全的企业人力资源管理体系。使用宽带薪酬的企业必须有健全的人力资源管理体系，包括其规范、灵活的用工制度和市场化程度较高的薪酬制度。同时，比较扎实的企业管理基础工作也是适用宽带薪酬所需的条件，企业应具备推行宽带薪酬模式的技术条件和数据基础。我国很多企业人力资源的市场化还没有真正实现，传统的薪酬管理模式没有理顺，员工的起薪设立存在问题，在原有的薪酬制度向新制度转换的过程中，容易因为对接不到位而引起事端。此外，对于工资成本预算较少的企业一定要慎重采用宽带薪酬模式，一方面由于员工的职位轮换、岗前培训机会增加，导致企业用于这方面的支出也会增加；另一方面由于部门经理人员在决定员工工资时有更大的权限和自由，使得人力成本有可能会大幅度上升。

（3）技术型、创新型企业及技术、管理类员工较为适用。宽带薪酬的管理模式并不是适合于所有类型的企业，它在新型的“无边界”企业以及强调低专业化程度、多职能工作、跨部门流程、技能工种的团队性企业中非常有用。根据发达国家的经验，在通常情况下技术型、创新型的企业更适合宽带薪酬管理模式，因此我国的电信、IT 行业适宜引用这种体系，而劳动密集型企业则不适宜。事实证明，技术、创新、管理等智力因素对于企业的发展具有优势支撑作用，员工的创造性、主动性与企业绩效成明显的正相关关系，而宽带薪酬恰恰既能够激励员工专心于钻研企业所需的各种技能，又能够充分调动员工的积极性、主动性，发挥其创造性。因此，宽带薪酬体系能够在技术性、创新性企业中更好地发挥其功效。

同时，宽带薪酬模式比较适用于技术和管理类员工。对于技术类人员实行以技能为基础的宽带薪酬的决定方式，应该是比较合理也比较有利的。目前我国企业单纯依赖国家的职称评定系统来界定技术类人员技能等级的做法，已经适应不了人力资源管理的需要，不能激励更多更优秀的高级技工人才脱颖而出。在企业中，由于中高层管理人员责任重大，并且对企业战略目标的实现有举足轻重的作用，对于同样类似的岗位要给予更大宽带的弹性空间，根据不同的绩效进行有效激励。因此对于中高层管理人员施行宽带薪酬模式较为合适。

四、结论

宽带薪酬作为一种新型薪酬设计体系，为扁平化组织提供了一种良好的薪酬设计思路，能够让组织摆脱旧有的多层级制度的弊端。这一新型的薪酬管理模式，在我国的应用时间还较短，许多问题有待于进一步完善。任何先进的薪酬体系都必须切合实际，必须融入企业才能发挥作用。企业应根据实际情况选择是否引入宽带薪酬模式。在应用时应注意企业战略目标、发展阶段、宽带薪酬的职位评价等方面内容，解决好宽带薪酬的适用性问题，以使其在企业中更好地发挥作用。

（作者单位：北京物资学院劳动科学与法律学院）

参考文献

［1］刘蕊．试论宽带薪酬［J］．首都经济贸易大学学报，2004（5）．

［2］陈勇．宽带薪酬：基于扁平组织结构的薪酬体系设计新视点［J］．技术经济，2005（6）．

［3］刘昕．宽带薪酬：一种新型的薪酬结构设计形式［J］．职业，2003（1）：32－33．

［4］周迪生．宽带薪酬在我国企业的适用性分析［J］．人口与经济，2004 s（1）：166－168．

［5］刘静静．基于宽带薪酬的人力资源管理［J］．当代经济（下半月），2008（2）：50－51．

［6］张宝东，张金麟．基于战略的高绩效宽带薪酬设计［J］．企业经济，2006（10）：31－33．

建筑企业人力资源状况及应对策略

东方慧博研究院

内容提要：当融创地产在2013年以总价格43亿元、每平方米7.3万元的楼面均价拿下农展馆绝版地块，并预计以平均15万元每平方米的价格售出时，人们不禁感叹房地产开发公司的挥金如土和极强的吸金能力，也因此成为“设计”、“工程”、“建筑”等专业人才的职业首选目标。而建筑企业由于位于产业链的下游，不仅盈利能力无法与房地产企业相比，同时还面临“一将难求”的境地。本文根据笔者多年在建筑行业的人才服务实践以及对资深行业专家的访谈，同时结合北京建筑业人力资源协会的行业人才调研数据及调研结果，探讨了建筑业人力资源管理的问题及解决方案。

关键词：人力资源现状　建筑企业　人才

一、建筑行业的人力资源现状

通过相关调研及访谈，我们认为，我国建筑行业目前主要存在两个困境和一个挑战：所面临的困境是建筑企业人才稀缺，作业工人整体素质下降，而挑战是“90后”工人陆续进入建筑市场，对劳务企业的管理提出了新的要求。

1. 盈利能力不足，难以留住优秀人才

建筑行业近几年的规模式发展并没有给行业整体盈利能力带来显著的提升，除了钢结构项目等工业化程度高或国家资金重点支持项目可以获得较高利润外，大部分的经营项目仍然徘徊在低利润率、低利润增长率，甚至是负利润增长率的状态中。而这种现状必然导致该行业整体的员工薪资水平及薪资增长率较低，在与地产行业争夺专业人才时面临尴尬：应届生不愿意选择建筑行业，建筑行业成熟的专业人才则大批流向上游企业进而导致人才供应不足、人才断档严重。

2. 从业工人整体素质下降

建筑行业已经执行了近20年的管理层与作业层的分离模式，作业层普遍存在入职门槛低、没有系统的专业培训和规范的人力资源管理，导致建筑行业缺乏具备高素质、高技能的“技术工人”。北京建筑业人力资源协会的相关调研数据也同样佐证了这一现象（见表1）。而技术工人的缺乏直接影响工程的进度、质量以及成本控制能力，严重制约了建筑行业工程项目盈利能力，导致建筑行业人才发展进入“恶性循环”。

表1　劳务企业技能人员职业技能等级分布表

职位 年度	总数	高级工程师		工程师		高级工		中级工		初级工	
		人数	百分比	人数	百分比	人数	百分比	人数	百分比	人数	百分比
2010年	23 537	916	3.89%	1630	6.93%	1620	6.82%	5736	24.40%	13 635	57.93%
2011年	29 686	1052	3.54%	1991	6.71%	1988	6.70%	7783	26.22%	16 872	56.83%

3. “90后”建筑工人进入，对管理提出新要求

随着时间的推移，以“60后”为主体的老一辈施工人员相继退出建筑市场，而作为新生一代的“90后”终将从老一辈的手中接过接力棒，成为建筑行业的主力军。那么，对于新生一代建筑工人的激励与管理方式必然和现行的方式有所不同。对于“90”后而言，除了基本的生活条件和安全需求外，更加强调文化生活、社交生活的丰富性，工作中甚至会将情感认同和组织认同放在比收入更重要的位置。在上下级关系上，表现出来的是既要求上级是技术或专业上的“高手”，又要求上级与其有情感的共鸣，有较高的情商。在管理上，也希望有更多自我展示和被认可的机会。因此，建筑行业既往的粗犷式的管理不仅无法适应行业的专业发展需要，也无法适应行业人才的发展需要。

二、建筑行业的应对之策

面对上述问题，结合建筑行业的人力资源现状，浅析应对之策，希望对建筑企业、劳务企业有所帮助。

1. 立足当下，帮助建筑企业走出人才断档

（1）调整市场结构，提升企业盈利能力。面对建筑业平均产值利润率不到4%的现实，有心出金纳才、奈何囊中羞涩恐怕是我国大部分建筑企业的心声。而之所以会造成今日之局面主要是因为过低的市场准入门槛，导致了

建筑企业间的恶性竞争，给开发商拖欠工程款、压级压价、要求垫付工程款等行为留下了空间，而不完善的市场体制，以及缺少自律精神的第三方机构，更使得建筑企业的经营之路举步维艰。再加之，大部分的建筑企业缺乏核心竞争力，仍然停留在搬砖、扎钢筋、浇混凝土的现状上，无疑都会令企业原本就脆弱的盈利能力变得更加局限。

因此，为了提升建筑企业的盈利能力，就要通过资质管理的方式，提高产业集中度，整合专业能力，有计划地淘汰一批规模小、水平低、管理乱、效益差的建筑企业，进而减少建筑企业之间的恶性竞争，并通过技术创新，加大行业的工业化生产程度，从而提升企业的经营效率以及资源利用率，节能减排，减少用工需求。最终，达到使建筑市场可以更为有序、健康发展的目的，从根本上提升建筑企业的盈利能力。

(2) 塑造企业内核，提升企业核心竞争力。结构性的机制调整绝非一日之功可以完成，建筑企业的盈利能力也不会在未来的一段时间内得到显著提高。因此，当下对于我国建筑企业而言，为了留住优秀的人才，首先，要做的就是明确自身定位，不能因为现在的捉襟见肘而妄自菲薄。在现有资源条件下，建立完善内部人才的“选、用、育、留”管理机制，鼓励创新，加强知识体系建设，缩短人才培养的周期，建立有效的激励机制。其次，注重企业文化的建设，将文化落实在制度、管理中以及工作环境的改善中，培养员工的自豪感、成就感以及使命感，进而让他们感觉到自身的价值和继续走下去的意义。

2. 相互合作，提升作业工人的整体素质

(1) 加强监督指导，构建长期合作机制。面对建筑工人整体素质每况愈下的现状，作为工程建设的总包企业，应加强对合作的劳务企业在专业能力、信用评价等方面的评估，逐渐提升招标标准、招标要求体系，并与综合服务保障好的建筑劳务基地建立长期合作关系，鼓励与优秀劳务施工企业的长期合作。

(2) 提高管理水准，打造建筑行业的技术大军。从目前的发展趋势来看，“管理层和作业层”分离的行业管理机制不可能有较大的改变，但是培养建筑行业的“技术工人”、“蓝领技工”大军的要求已经迫在眉睫。因此，笔者建议一方面可通过政府、行业协会在此方面完成可行的“顶层”设计；另一方面，建筑企业也应该从行业的责任感和自身发展实力出发，利用与劳务企业相比在资金、管理、人才储备等方面的相对优势，在构建长期合作关系的机制的同时，尝试构建可行的劳务企业的人才培养和评估机制；同时，通过严格监督、审核劳务企业的日常管理，帮助其完善管理模式，指导、要求劳务企业建立完善内部人力资源管理机制，形成有效的技术工人聘用、激励以及淘汰机制。

总包企业内部的人才培养也面临专业技术脱离“现场”的困扰，在加强对劳务企业培训的同时，也可尝试构建年轻员工的“现场实践”机制，一方面可以快速提升年轻员工的实践能力，另一方面也可锻炼员工的意志，选拔未来的可与企业长期共同发展的人才。此外，通过技术人员的现场实践，也能有效地带动劳务企业员工的专业素质和能力。

3. 未雨绸缪，准备迎接新一代

正如前文所说，随着时间的推移，在建筑业内，“60后”终将退出建筑业的舞台，未来必将由“90后”所承接。因此，组织文化的变革、人力资源管理机制的创新都已经是建筑行业企业面临的共同挑战。因此，建议通过以下途径，完善内部人力资源管理机制、降低流动率、提升员工的内在工作动力。

（1）在提高专业标准、管理标准的同时，加强企业文化建设和社会责任实践活动，培养员工的社会责任感和职业责任感，从而提升员工对企业、对专业的“成就感”；

（2）积极调研员工的职业发展需要和困惑，在制度建设、组织发展中，提供更多员工参与的机会，正确引导员工的职业价值观念；

（3）持续提升、更新中高层管理人员的管理意识和能力，保持组织的“创新”与“变革”能力；

（4）构建多元的激励机制，适应不同岗位、不同层级及不同年龄的职业发展需要。

综上所述，建筑行业的人才发展问题，不单是企业的问题，需要国家、行业以及企业的共同努力。我们认为当建筑行业进入盈利能力持续提升的良性机制时，也是上述人才问题可以全面、彻底解决的时候。

参考文献

[1] 余国芳．企业如何充分发挥绩效管理效能［J］．人力资源管理，2011（10）．

[2] 魏成刚．浅谈中小型企业人力资源管理现状及优化探析［J］．现代商业，2011（27）．

[3] 辛欢．建筑企业人力资源规划与管理研究——以JZ公司为例［D］．重庆大学，2012．

[4] 高红霞．分析建筑企业人力资源管理中的不足及建议［J］．现代商业，2014（3）．

劳动关系与企业文化研究

- 浅析我国劳动争议仲裁制度的缺陷与完善
- 我国劳务派遣制度中的问题与对策分析
- 学习风格理论在企业培训中的应用
- 角色定位与管理沟通

浅析我国劳动争议仲裁制度的缺陷与完善

王少波*

内容提要：劳动争议仲裁制度作为处理劳动争议纠纷的重要途径之一，对有效解决劳动争议问题和构建和谐劳动关系起到积极的作用。本文先介绍了我国劳动争议仲裁制度所呈现出的诸多缺陷，归结起来主要有：劳动争议仲裁的体制性问题；仲裁机构的“三方原则”有名无实；仲裁与诉讼程序缺乏衔接；缺乏实质意义上的一裁终局效力等。这些问题的存在，使得我国当前的劳动争议仲裁制度难以满足劳动争议处理的需求。本文还分析了国外的劳动仲裁制度，在此基础上，就完善我国劳动争议仲裁制度提出相应的改革设想。

关键词：劳动争议　劳动争议仲裁　劳动争议诉讼

在处理劳动争议的方式中，劳动争议仲裁发挥了不可替代的作用。十多年来，我国的劳动争议仲裁工作取得了明显的进步。《劳动争议调解仲裁法》的颁布实施，在一定程度上规范了劳动争议处理机制，完善了劳动争议处理制度，对有效解决我国劳动争议起到了积极的作用。但是，随着社会主义市场经济的不断发展，劳动争议类型也日渐复杂，我国劳动争议仲裁制度在运行过程中也暴露出很多问题，一定程度上影响了劳资关系的稳定，不利于社会经济的正常发展，进而阻碍了我国市场经济的健康发展。因而，为了促进我国社会主义市场经济健康良好发展，构建和谐的劳动关系，本文对现行的劳动争议仲裁制度所存在的问题进行梳理并提出相应的完善措施。

---

* 王少波，河南上蔡人，副教授，研究方向为劳动关系与劳动法。

一、我国现行劳动争议仲裁制度的缺陷

自《劳动争议调解仲裁法》颁布实施以来，我国劳动争议案件的数量明显增加，而劳动争议案件的类型也更加复杂，这就暴露出许多亟待解决的问题。这些问题大体可以总结为以下几点：

1.“一调一裁两审”的劳动争议处理机制未能有效运行

《劳动争议调解仲裁法》的颁布实施，使得我国“一调一裁两审”的劳动争议处理机制得到巩固。虽然从制度设立的本意来说，其目的在于有效分流、过滤案件，减轻法院审理的压力，发挥仲裁快捷、经济的优势。但事实上，“一调一裁两审”从某种程度上否定了仲裁裁决的有效性，造成了一些当事人出于侥幸或对仲裁裁决抵制的心理，继续向人民法院提起诉讼。这样一来，首先会导致处理程序的重复，无法做到“及时处理”的原则；其次，导致了社会资源浪费；最后，“一调一裁两审”的体制没有体现仲裁原则中的自愿原则，致使当事人没有自主选择的权利，违背了当事人自愿的原则。

2.“三方机制”有名无实，劳动争议仲裁行政化趋势日益明显

根据我国法律规定，劳动行政部门、工会代表和企业方面代表共同组成劳动争议仲裁委员会，形成“三方机制”共同办案。然而，在实践中往往是劳动行政部门一方独大，同级工会和用人单位只是名义上的劳动仲裁委员会的成员，他们既不参与委员会的日常管理工作，也不参与案件的审理。由于劳动争议仲裁委员会设立于劳动行政部门之下，隶属于行政部门，就导致了劳动争议仲裁机构基本上都是按照行政部门的制度来划分，这也就使得劳动仲裁部门的行政化日益明显。目前，我国相关法律并没有对劳动争议仲裁委员会的法律地位予以明确的规定，使得劳动争议仲裁委员会定义模糊。在处理劳动争议案件的过程中，主要由各地的劳动行政部门中的仲裁部门来代行劳动争议仲裁事务，更加重了劳动争议仲裁部门的行政色彩，三方机制难以真正实行。

3. 仲裁员综合素质良莠不齐，影响了劳动争议裁决的公正性

作为劳动仲裁机构的重要组成部分，仲裁员在劳动争议仲裁过程中起到了极其重要的作用。在处理劳动争议案件过程中，仲裁员直接参与整个案件的处理，从某一方面来说，仲裁员对劳动争议仲裁裁决结果有很大的影响，而仲裁员本身所具备的综合素质则直接影响了劳动争议冲裁结果的质量。

虽然在我国的《劳动争议调解仲裁法》中，对仲裁人员的选任也有法律

条文的限定。但在实际工作中，由于劳动争议仲裁委员会设立于劳动行政部门之下，而劳动争议仲裁员通常也是由劳动行政部门的公务人员担任。在处理劳动争议的过程中，会涉及很多专业性的法律知识，尤其是对《劳动法》《劳动合同法》等法律的掌握要求更为严格。而当前，仲裁员一职通常由劳动行政部门的公务人员兼职担任。一方面，公务人员自身所掌握的专业法律知识有限，难以公正有效地处理劳动争议，直接影响劳动争议仲裁的质量，影响仲裁的公正性和准确性；另一方面，这一情况也会带来人手不足、经费不稳、仲裁队伍松散等一系列问题。

4. 劳动争议仲裁的监督机制不全，难以实施有效的管理监督

理论上，任何权力的行使都必须接受必要的监督和制约以保证其产生的结果具备公正性与公平性。而我国现行的劳动争议仲裁制度并未涉及仲裁机构行使权力时的监督机制。我国目前的劳动争议仲裁委员会不需要接受上级单位的审查，我国其他相关的法律法规也未对劳动争议仲裁机构权力行使的监督工作做出规定，虽然劳动仲裁机构有“自我监督”的义务，但通常情况下，这种监督难以起到监督作用。这也就影响了劳动争议仲裁本身的公正性与权威性。

二、国外劳动争议仲裁制度的比较

起源于英国工业革命的劳动争议处理制度，在历经百年的发展中得以完善。如今，大多数国家均已建立劳动争议处理制度。完善的劳动争议处理制度，能够及时有效地缓解劳资双方产生的矛盾，维护社会劳动关系的稳定，这也是劳动争议制度得以存在的必要条件之一。西方国家工业化历史悠久，劳资冲突产生时间较长，也因此积累了处理争议的丰富经验。

1. 英国劳动争议仲裁制度

自 1896 年英国颁布了《调解法》，政府开始在劳动争议处理中处于十分重要的地位。经过一个多世纪的发展，英国的劳动争议处理体系已经十分完善。当前，英国处理劳动争议的主要机构包括：劳动咨询、调解、仲裁委员会（ACAS）、产业法庭、中央仲裁委员会（CAC）。其中，ACAS 主要处理个人劳资纠纷和集体谈判争议；而产业法庭则主要处理 ACAS 难以调解的个别劳动争议；中央仲裁委员会则负责处理集体劳动争议。在这三个机构中，劳动咨询调解仲裁委员会在处理劳动争议方面起着举足轻重的作用。目前，ACAS 的主要工作职责有：（1）预防和处理劳动争议。劳动争议发生后，ACAS 提供调解的客观条件，但调解是建立在个人意愿上的，所以，主

要是通过协商促使双方达成调解协议。(2)解决具体细化的个人劳动争议(主要是个人权利争议)。ACAS有法定责任处理个人的权利争议，但当事人向产业法庭申请诉讼时，其需要为产业法庭提供协助工作。(3)提供信息与咨询服务。ACAS搭建了一个专业性的公共服务平台，并通过这个平台免费向公众提供有关劳动关系或劳动争议解决方式等多方面的咨询，同时，还向公众提供大量免费的资料查询。(4)增促良好的合作关系。ACAS经常组织一些关于劳动或产业关系或是涉及劳动政策法规的会议。ACAS解决劳动争议主要通过和解、调解、仲裁三种方式处理。在处理劳动争议的过程中，ACAS充分尊重劳动争议双方当事人的意愿。

在英国，劳动争议分为个人权利争议和集体争议，因此，也产生了不同的处理程序。在处理个别劳动争议时，首先向产业法庭申请诉讼，在产业法庭接到起诉书后，会将起诉书副本传送到ACAS。而ACAS处理个别劳动争议会优先选择免费的调解程序。在调解过程中，个人调解具有自愿性、公正性、保密性等特点，而且独立于产业法庭。当调解失败后，则再交由产业法庭按照司法程序来处理劳动争议案件。在英国，集体争议不涉及司法程序，集体争议产生后，ACAS可以采取调解或仲裁等方式解决劳动争议。当集体争议发生后，在协商和解失败的情况下，劳资双方均可提出调解申请，ACAS也可向争议双方提出调解；当劳动争议双方调解失败时，则进入由ACAS主持仲裁的仲裁阶段，此时，仲裁裁决为终局裁决，除有特殊事由，一般情况下不得再向法院提起诉讼。

2. 美国劳动争议仲裁制度

美国的劳动争议仲裁机构可分为国家官方的和民间的，国家官方劳动争议处理机构主要是国家劳动关系委员会(NLRB)和联邦仲裁调解局(FMCS)；民间性质的劳动争议处理机构则通常是集体协议规定的调解机构，包括企业内部的工会以及劳动仲裁协会等。联邦调解服务机构(FMCS)则起到了引导作用，免费为集体利益的争议提供调解服务。美国劳动争议分为权利争议和利益争议，对此，美国也制定了不同的处理制度。美国的劳动争议处理制度主要包括调解、仲裁以及法院审理三个阶段。调解是在劳动关系双方当事人自愿的原则下选择进行，仲裁则是根据双方当事人在集体协议或个人劳动合同的约定而进行，且一旦选择了仲裁，仲裁裁决就是终局裁决。美国的劳动争议同样遵循了遵循自愿仲裁原则，但在特殊情况下也存在强制仲裁。所谓自愿仲裁，是指产生劳动争议的双方当事人自愿把不能协商解决的劳动争议案件交由仲裁委员会审理，且服从最终的裁决结果。在劳动争议仲裁过程中，劳动争议双方当事人可通过由美国劳工部和仲裁委员会提供的仲裁员名册自主选择仲裁员。在仲裁过程中，仲裁员会首先了解劳动争议双方当事人的申诉理由以及各自的观点，然后仲裁员会进行调解，调解失败时，则由仲裁员做出仲裁裁决。通常，美国的劳动争议仲裁裁决具有强制执行力。只有劳动争议当事人认为在仲裁程序中存在某种违法行为时，才可向法院申请审查，而法院将会对劳动仲裁的仲裁程序进行严格的审查。

3. 法国劳动争议仲裁制度

法国的劳动争议仲裁制度已经得到充分完善的发展。处理劳动争议的过程中，法国将劳动争议分为个别劳动争议和集体争议，然后根据不同的劳动争议类型进行不同的劳动争议处理。在法国，劳动争议仲裁制度只适用于集体劳动争议，在仲裁过程中坚持自愿仲裁原则，仲裁程序以及仲裁员的选定均可由劳资双方通过集体协议来确定。如果双方没有在集体协议中约定相关事项，则劳动争议各方当事人在协商一致后仍可将相关分歧提交仲裁。一经裁决，除非在仲裁裁决越权或仲裁程序违反法律的情况下，才可向最高仲裁法院提起诉讼而获得权利救济，最高仲裁法院可以根据实际情况选择撤销仲裁裁决。否则，裁决结果不具有可诉性。在处理集体劳动争议时，国家在调解仲裁人员上有一定的规定，体现了国家对劳动仲裁的管理调控，但这并没有丢弃自治原则，更有利于国家对劳动仲裁的引导，为妥善解决纠纷奠定了基础。

4. 德国劳动争议仲裁制度

德国劳动争议仲裁制度最大的特点是司法制度十分完善，绝大多数的劳动争议案件是通过法律诉讼解决的。德国的法院组织模式是“特别法院式”。1952 年，联邦德国专门制定了《劳动法院法》。在德国，解决劳动争议案件的必经之路是调解，劳动法院内设有劳动仲裁机构，而仲裁机构的仲裁员也一般由劳动法院来选任，实行仲裁员名册制。劳动争议发生，劳动争议当事人申请劳动仲裁后，劳动法院会指定或组建一个仲裁小组来处理，其得到的仲裁结果具有法律效力。在仲裁过程中，仲裁委员会通常由劳资双方提名的两名辅助法官组成，或者由陪审员和一名首席仲裁员组成。在仲裁过程中，仲裁委员会不受工会的影响以及国家检察人员的干预，独立性较强，只有当仲裁裁决违反“宪法”规定时，才能通过诉讼的方式来对抗仲裁裁决。

5. 国外劳动争议仲裁制度的评析与借鉴

目前，劳动争议问题普遍存在于世界各国。通过对世界其他国家的劳动争议制度进行了解、比较，我们可以比较清楚地了解当前国际劳动争议处理制度的一个发展方向。由于每个国家发展的社会历史背景存在差异，各国处理劳动争议的处理机制也有所不同。通过比较研究，笔者发现，其不同之处主要表现在以下几个方面：(1) 受理劳动争议仲裁机构的称谓不同。在英国是咨询、调解和仲裁服务中心（The Advisory，Conciliation and Arbitration Service)，简称ACAS；在美国，受理劳动争议仲裁的机构主要是美国仲裁协会和联邦调解服务机构（FMCS)。(2) 劳动争议仲裁程序的启动原则和方式不同。一些国家劳动争议仲裁通常会采用自愿原则，即只要劳动争议当事人任意一方申请，即可启动仲裁程序，如英国；而部分国家在采用自愿仲裁的同时，亦有相对的强制性仲裁，如美国；而通常情况下，只有当劳动争议当事人共同提出仲裁申请时，仲裁程序才能启动。(3) 仲裁裁决的效力不同。多数国家的仲裁裁决具有法律效力，一旦生成，一般情况下会要求强制执行，如英国、美国；而有的国家则不是这样的。

由于社会背景的不同，不同国家的劳动争议仲裁制度不尽相同，但在相互比较的过程中，笔者也发现其中的相似之处，主要表现在三个方面：(1) 各国（地区）在劳动争议仲裁机制中，都十分重视劳资双方的参与，体现了劳动争议仲裁的自愿性原则。(2) 国外在处理劳动争议仲裁过程中，在仲裁人员的选任上都有明确的规定。一方面，大多数国家（地区）都对仲裁员的选任和素质有明确的要求，仲裁员综合能力的提高，一定程度上直接提高了仲裁的质量，体现了劳动仲裁的公正性。另一方面，都采用了当事人选任仲裁员制度。在仲裁的每个阶段都充分体现当事人个人意志、及时表达的权利，这一举措使得劳动仲裁机构明确劳动争议解决目的的同时，及时协调了劳动争议双方的矛盾，使得双方当事人的合法权利得到有效的保护，在维护和谐劳动关系的同时，也保证了正常的生产经营状态。(3) 在国外的劳动争议处理机制中，多数国家都会把劳动争议进行分类，然后根据不同的劳动争议类型采取不同的处理方法。(4) 在国外的劳动争议仲裁机制中，政府机构、劳动部门、民间组织机构多方力量积极参与其中。在仲裁过程中，政府、劳动部门、民间组织机构等多方力量对劳动争议案件进行引导，一方面，强有力的政府力量维护了劳资双方的合法权益，从而使劳动争议及时得到解决，实现了国家对劳动争议管理的宏观调控；另一方面，发挥了法律专家、学者及知名人士等非政府组织在解决劳动争议过程中的能动作用，也体现了劳动争议解决的公正性、公开性。

三、完善我国劳动争议仲裁制度的建议

通过上述分析，笔者了解到目前我国的劳动争议仲裁制度一定程度上偏

离了仲裁的本质属性，与国际劳动争议仲裁发展方向严重脱轨。对此，必须加以改革和完善，以适应我国社会主义市场经济发展、构建社会主义法治社会的需要。对此，笔者认为，我国现行的劳动争议仲裁制度可以从以下几个方面来完善：

1. 实行“裁审分轨、各自终局”的双轨制劳动争议仲裁制度

我国现行的单轨制劳动争议仲裁制度，及“调、裁、审”依次进行的“一调一裁两审”体制。劳动争议仲裁的基本原则之一是自愿原则，而目前我国实行的单轨制的劳动争议仲裁制度明显与之相悖，“仲裁前置”要求当劳动争议无法通过调解、协商来解决时，当事人必须经过仲裁、且当事人不服仲裁的情况下才能向人民法院提起诉讼。为此，笔者认为应该摒弃“先裁后审”的制度，在劳动争议处理机制上采取“裁审分轨、各自终局”的双轨制劳动争议仲裁制度，即当劳争议发生后，当事人有权向管辖范围内的劳动争议仲裁机构申请仲裁或向人民法院提起诉讼，二者只能选择一种方式来解决当事人双方的矛盾争议。这样做有几个好处：第一，可以充分保障劳动争议当事人的合法权益，符合当事人自愿原则，使一些选择司法诉讼争议的当事人直接进入司法程序，从而可以及时维护劳动者的合法权益；第二，缩短了处理周期，合理配置了审判资源，节省时间、人力、财力，极大地降低了处理劳动争议的成本；第三，提高了劳动争议案件的仲裁或审判的质量。如果实行裁审分轨的双轨制仲裁制度，法院将会直接分流案件数量，这样减轻了因劳动争议案件剧增而给劳动争议仲裁机构带来的压力，提高了劳动争议仲裁机构处理劳动争议案件的质量，同时也提高了劳动争议仲裁的权威性。

2. 保持仲裁机构的相对独立性，实现真正意义上的“三方机制”

在我国，劳动争议仲裁委员会隶属于各地劳动行政部门，在处理劳动争议案件中，形成了劳动行政部门一方独大的局面，这违背了我国劳动仲裁委员会建立的“三方机制”原则，严重影响了仲裁裁决的公正性。为了保证劳动争议仲裁裁决的公正性，维护双方当事人的合法权益，需要建立真正意义上的“三方机制”体系。笔者认为，应当明确劳动争议仲裁机构——劳动争议仲裁委员会的法律地位，区分其在法律上与劳动行政部门的关系，并且将其在职能、机构设置等方面与劳动行政部门区分开来，成立专门的劳动争议仲裁。为提高劳动争议仲裁裁决的公正性，实现当事人自愿原则，我国可以借鉴国外先进的仲裁经验，劳动争议当事人从一开始就真正参与到仲裁过程中，从心理层面上根除了矛盾的存在，更容易让当事人从心理上接受劳动争议仲裁裁决的结果，从而更好地发挥劳动争议仲裁这一社会救济方式的程序性功能作用。作为仲裁委员会的重要组成部分，工会代表与企业方代表应积

极参与到劳动仲裁过程中。工会代表在仲裁过程中代表劳方（雇员方）的利益，在劳动争议人员可以自行选择仲裁员的情况下，其应该积极提供人员上的有力支持。而企业方代表则在参与仲裁的同时，也需要积极配合代表方的需求，努力实现真正意义上的“三方机制”，实现仲裁的公平、公正、公开。

3. 加强仲裁员队伍的建设

在国外，调解员和法官的选任，不仅要关注他们的法律知识，同时也注重他们在劳动关系方面的知识，从律师、法官、劳动关系专家等全方位考察选任。目前，我国劳动争议仲裁委员会的仲裁员多数由劳动行政部门的公务人员担任，他们可能通晓劳动相关的知识，但对法律的理解和把握欠缺。而司法系统的法官通晓法律，但有关劳动知识欠缺。因此，笔者认为，为加强仲裁员队伍的建设，应扩大冲裁员的选任范围。虽然在法律中，对仲裁员的选任已作出相应的规定，但在现实中，仲裁员均由劳动行政部门产生，而司法系统或其他民间人员组织则很少参与仲裁员的选人竞争中。对此，为扩大仲裁员的选任范围，劳动行政部门可制订相关激励性措施，鼓励各界专业人士积极参与仲裁员的选任。同时，提高对劳动争议仲裁员准入机制，提高劳动争议仲裁员的标准，加大对劳动争议仲裁员的培训力度，实现优势互补，以充分体现劳动审判的专业性、公正性和协商性。

4. 完善劳动争议仲裁监督体制

劳动争议仲裁制度作为一项法律制度，其目的是解决当事人之间的劳动争议，因此，它必须有一个健全的监督体制，这样才能充分保障当事人的合法权益，体现劳动争议仲裁的权威性与公正性。在我国，虽然劳动争议仲裁委员会可以“自身监督”，但众所周知，这种监督是难以实现监督的目的。因而，建立司法监督体系迫在眉睫。广义的司法监督包括法院对仲裁的审查控制以及支持帮助两个方面。由于我国实行的是“一调一裁两审”的劳动争议处理机制，从某种程度上说，这否定了仲裁裁决的法律效力。只有借助于国家强制力即司法权，才能使裁决得到有效的执行和承认。例如，当仲裁裁决发出后，若劳动争议当事人未能如期执行或拒绝执行，此时，仲裁委员会可向法院提出强制执行，这就是向法院寻求司法支持。在仲裁过程中，如果劳动争议当事人对仲裁裁决持有异议，并向法院提出审理要求时，法院需对仲裁过程进行审查，这又是体现法院对仲裁审查和控制的一面。这就是司法对仲裁的监督。一方面，法院对仲裁的监督，可以及时纠正仲裁过程中产生的一些错误，同时也对仲裁员行使仲裁权进行了监督，这样有利于保障社会公平的实现，从而实现仲裁的公平、公正价值。另一方面，法院行使其国家强制力，在保护证据、维护仲裁程序、强制执行仲裁裁决等方面，给劳动仲裁以支持和协助，同时提高了仲裁效率，实现劳动仲裁的价值目标。但在实施监督的过程中，要把握一个度，这样才有利于仲裁的进行。司法机构过多地介入仲裁，会拖延仲裁程序，这也使得仲裁失去了快捷的优点。同时也增加了冲裁的成本，让“成本低”成为空话。否则，劳动仲裁存在的意义也就不大，更谈不上有何价值目标可言。

5. 推行多渠道的纠纷解决机制

任何制度的产生都有其深刻的社会背景，且这些制度随着社会政治、经济、文化、伦理、道德等诸因素的变化而发生变化。劳动争议处理机制的建立和发展，也是社会经济变化发展的典型体现。在当下，经济上强调的是机会均等而不是结果均等，法律上强调的也是程序正义而不是实质正义。随着社会主义市场经济的发展，国民在经济、文化、思想等多方面都有了极大的发展。在经济高速发展的同时，一些新兴的劳动争议案件频繁出现，而依照传统的劳动争议制度，受害人很难获得有效的救济赔偿。我国当前正处于社会转型期，各方面高速发展的同时，许多领域仍处于摸索阶段。而西方发达国家无论是在经济上还是制度上都已处于成熟状态，例如西方各国在劳动争议方面纷纷结合自己的法律结构不断完善自身的劳动争议制度，创造了多渠道的解决机制，如在解决劳动争议过程中，加强协商对话机制，建立调解组织，加强调解解决纠纷机制。同时，建立完善的劳动争议法律体系，使得全社会确立和尊奉一整套司法理念和司法文化，也有助于法制观念深入人心。同时，各国还强调了司法的中立性和权威性，使得整个司法系统享有应有的社会威望。

经过十多年的发展，劳动争议仲裁制度在我国劳动争议处理中已发挥着重要的作用。然而，随着社会主义市场经济的发展，我国的劳动关系也日渐复杂，当前的劳动争议仲裁机制也难以解决我们所面临的严峻情况。而面对重重矛盾，仅仅靠行政手段、劳动仲裁和司法裁决是难以实现的，为此，我们必须从政府机构、政策制度、民间力量等多方面进行劳动争议仲裁制度的改革。在保持与国际仲裁原则一致的情况下，完善司法、立法体系，加强宣传引导。同时，根据国情，积极借鉴其他国家先进的劳动争议处理措施，努力构建社会主义的和谐劳动关系。

（作者单位：北京物资学院劳动科学与法律学院）

参 考 文 献

[1] 王新兵．关于劳动争议处理体制的改革构想 [J]．律师世界，2001 (4).

[2] 王全兴，吴文芳．最高人民法院关于审理劳动争议案件运用法律若干问题的解释的不足及其完善建议 [J]．法学，2002 (10).

[3] 王全兴．劳动法 [M]．北京：法律出版社，1997.

[4] 王蓓．我国劳动争议仲裁制度的缺陷与完善 [J]．河北大学学报（哲学社会科学版），2013 (3).

[5] 王辉，王俊．我国劳动争议仲裁制度价值取向及完善 [J]．中国劳动关系学院学报，2008 (2).

[6] 王国社．从仲裁实践谈劳动争议调解仲裁法的完善 [J]．中国劳动，2009 (4).

我国劳务派遣制度中的问题与对策分析

张亚楠　解进强[*]

内容提要： 劳务派遣作为一种新型的用工形式，在世界范围内已经普遍存在，在我国的法律环境下也发展得异常繁荣，但繁荣背后却暗藏着很多问题。本文将从法律方面对劳务派遣进行解析，探究其发展机制及内在问题，并对劳务派遣法律规制方面进行研究，结合国外关于劳务派遣的成熟法律规制，提出切实可行的建议和对策。

关键词： 劳务派遣　法律规制　劳动合同法　标准劳动关系

劳务派遣是指由劳务派遣机构与派遣劳工订立劳动合同，并支付报酬，把劳动者派向其他用工单位，再由用工单位向派遣机构支付一笔服务费用的一种用工形式。20 世纪 80 年代，伴随着改革开放，外国驻华机构日益增多，为了规范其用工方式，我国引入了劳务派遣。之后不断发展，尤其是 2008 年《劳动合同法》实施后，劳务派遣呈现出猛增的发展趋势，但劳务派遣的问题随之出现。为了规范劳务派遣市场，2013 年颁布了《劳动合同法》修正案，对劳务派遣进行了法律规制，随后，于 2014 年实施的《劳务派遣暂行规定》对劳务派遣作了进一步的规制。人们寄希望于通过不断完善劳务派遣相关法律，来促进我国劳动力市场的健康和谐发展。

一、我国劳务派遣运行中的问题

我国劳务派遣的历史较短，因而发展过程中出现了很多意料之内或意料

* 张亚楠，河南周口人，硕士研究生，研究方向为人力资源管理。解进强，河北赵县人，博士，副教授，研究方向为组织与人力资源。

之外的问题，但是，作为一种应运而生的用工方式，劳务派遣具有其生命力。因而，在我们看到问题的时候也应该看到它的潜在价值。

劳务派遣的价值主要表现在，它可以满足企业对“非全日制”用工的需求，节约了管理成本，同时，它可以满足用人单位需要赚取利润、被派遣劳动者需要尽快找到工作的诉求；另外，劳务派遣为农村劳动力涌入城市提供了缓冲，为我国城乡统筹人力资源市场的建设提供时间和空间。但它的问题也不可忽视，主要体现在以下几个方面：

1. 劳务派遣规模过大，层次较低

目前劳务派遣在国内应用规模越来越大，《2014—2020 年中国劳务派遣市场调研与投资前景评估报告》显示，有 93%的大型企业（500 人以上规模）不同程度地接受着劳务派遣服务。据全国总工会报告显示，全国劳务派遣工已达到 6000 多万人，约占城镇就业人员的 20%。而根据《2011 中国人力资源服务业白皮书》显示，中国符合法律规定的劳务派遣用工在 1000 万人左右。

2. 劳务派遣涉及范围广，部分行业滥用劳务派遣工

《2014—2020 年中国劳务派遣市场调研与投资前景评估报告》显示，在国民经济行业的 20 个门类中，有 16 个存在使用劳务派遣工现象，其中有 11 个门类中超过 20%的被调查企业使用劳务派遣工。劳务派遣工占职工总数比例较高的行业是建筑业，信息传输、计算机服务和软件业，电力、燃气及水的生产和供应业等行业，分别为 36.2%、17.9%和 15.3%。大部分劳务派遣工是普通操作工和一般技术工人，在初级工作岗位工作。熟练工（无技术等级）占 48.6%，初、中、高级技术工人占 22.9%，专业技术人员和管理人员（包括一般管理人员和高层管理人员）占 25.7%。全国政协委员杜黎明的发言证实上述说法，他说，以中国移动为例，其 50.3 万名在职员工中有 35.8 万人为劳务派遣工，占职工总数的 71.2%。

3. 严重影响劳动者权益

在劳务派遣关系中，被派遣劳动者是处于弱势地位的，因而，派遣劳动者权益容易受到损害，主要体现在：

（1）职业的稳定性。由于法律规制的不足，造成了用工单位用人的随意性，根据自己的需要随意获取或解雇劳动者，而且，雇佣没有时间限制，使派遣员工的职业极不稳定。

（2）结社权。也被叫做“团结权”，是员工参加工会的权利。《劳动合同法》第 64 条规定，被派遣劳动者有权在劳务派遣单位或者用工单位依法参加或者组织工会，维护自身的合法权益，但在实践中却并不能发挥其作用。

（3）同工同酬难以实现。虽然法律中有同工同酬的相关规定，但实践中却存在差距，政协委员杜黎明说，从对某一个省的调查情况来看，派遣工与正式工的收入差距少则 30%，多则达 4～5 倍。正式工享受的年终奖、住房补贴等福利津贴，劳务派遣工则没有，而且，劳务派遣工经常加班却很难取得加班工资。

（4）侵害员工的社会保障权。为员工缴纳社会保险是企业的义务，劳务派遣单位为了降低成本，对派遣劳动者多采取不缴纳社会保险或者降低缴费基数的做法，减少社会保险费的缴纳，侵害了派遣劳动者的社会保障权。

4. 影响我国的人力资本积累

劳务派遣制度的无节制发展，会使企业只注重眼前利益，一切从成本控制角度出发，忽视对人力资本的投入，陷入“只用工，不管人”的模式中去。学者刘大卫所做的调查显示，在 36 家国有企业中，除了 3 家企业给予劳务派遣工一定的入职培训之外，其余的企业只委托派遣单位做了简单的上岗培训，更不用说给予任何专门的培养或者提高技能的系统提升机会了。这种人力资本投入的不足，短期内也许可以帮助用工单位节约成本，但从长期来看，对于我国人力资本的积累造成了严重的破坏，不久的将来势必影响我国企业的创造力和在全球的竞争力。

二、劳务派遣运行中问题产生的原因

《劳动合同法》是规范劳动关系的重要规制。2008 年 1 月 1 日包含劳务派遣内容的《劳动合同法》实施后，劳务派遣市场却出现了与法律规制背道而驰的情景，随后国家出台了《劳动合同法》修正案、《劳务派遣暂行规定》等，对劳务派遣进行进一步的规范，但效果一直不明显，结合现实情况，笔者发现主要是由于以下原因：

1. 《劳动合同法》的不均衡管理

用工单位选择劳务派遣很大程度上是因为劳务派遣能够大幅度地节约成本，这种成本的差异造成了劳务派遣的“繁荣”。造成成本差异的就是《劳动合同法》对于标准劳动关系和劳务派遣的不均衡管理。

我国《劳动法》对标准劳动关系的义务责任要求比较高，焦点主要在于无固定期限劳动合同的签订和劳动合同期满终止时需要支付经济补偿金。比如工龄满 10 年员工必须签订无固定期限合同，签订两次固定期合同后续签合同必须签订无固定期限合同等。相对于标准劳动关系中的这些要求，劳务派遣可以规避这些问题，而且减少了与派遣员工直接冲突的可能，用工单位何乐不为?

2. 法律规制的实操性不强

作为法律规范应该具体、有较强的操作性，但笔者仔细对《劳动合同法》进行研究后就发现有不少条款并不具备这些要求：

(1)《劳动合同法》第 57 条第 2 款规定，经营劳务派遣业务，应当向劳动行政部门依法申请行政许可；经许可的，依法办理相应的公司登记。但并没有说明哪些是在行政许可内的，哪些是不符合行政许可的，这就造成了行政部门执法难度加大，也会造成执法没有标准的情况。

(2) 劳务派遣员工参加工会权利方面。劳务派遣通常是短期的，流动性较强的，较为分散，很难形成稳固、有力的影响工会的力量；另外，某种程度上，派遣员工与正式员工的利益是冲突的，工会不可能同时代表利益双方，那么《劳动合同法》第 64 条的操作性就有待考证了。另外，由于我国工会的作用在整体状态上就不是很理想，工会的地位并不受重视，其规定也就更显得苍白无力。

(3) 关于同工同酬的规定。可以说，薪酬方面的差异是用工企业选择劳务派遣的重要原因，尽管《劳动合同法》第 64 条做了相关的规范，但内容并不够详细，不能保证其他方面同等待遇，比如在社会保险、劳动时间、休假、晋升、女职工怀孕保护等方面，以及使用用工单位的共同设施上，因而在实施上，效果并不明显。

3. 法律条款的模糊性

由于认识的有限和社会快速的发展，法律规制的模糊性不可避免，但是明晰立法对执法和司法起到重要的作用。因此，消除法律的模糊性是各国立法的共识。《劳动合同法》中存在模糊立法的情况，这些情况也造成了执法、司法中的障碍。比如，劳务派遣范围规范的模糊性。“劳务派遣用工是补充形式，只能在临时性、辅助性或者替代性的工作岗位上实施”，并对“三性”做了解释。但是，笔者亦可以体会到，“辅助性”、“替代性”并不能明确地表示出范围，这也表现出了法条的模糊性。又如，“共同雇主”的连带责任。《劳动合同法》及相关法规并未写明责任主体承担的主要责任在哪一方面，这样就会造成两方相互推诿、最后由派遣劳动者承担的结果。

三、对策建议

“劳务派遣”在 2008 年被写入法律，至今发展的历史还比较短，在看到问题的同时，我们也应该看到，劳务派遣相关法律规制是不断完善的，但是我们仍然任重道远，要不断总结经验教训，借鉴外国较成熟的劳务派遣法律，结合我国国情，制定出符合我国发展特色的劳务派遣制度。通过以上探究，笔者提出以下几点建议：

1. 建立劳务派遣的市场诚信机制

市场是一双看不见的手，在市场经济繁荣的今天，市场的规制作用是最自发且最有效果的，因而在劳务派遣的发展过程中我们也要充分利用市场机制的作用。因此，建立市场的诚信机制至关重要。

笔者认为，建立劳务派遣市场的诚信机制要做到以下几点：(1) 建立信用数据库，实现资源共享制度。在劳务派遣过程中，三方需要相互了解，这个过程需要一定的调查成本，如果能建立各方的信用数据库，就能节约成本，而且，通过对个人、企业、团体等建立信用档案并公开信息，也可以迫使人们恪守诚信。(2) 建立信用体系，发展资信评估行业。建立起记录和评价市场主体信用状况的社会信用体系，发展我国的资信评估行业，健全信用评估体系，建立起社会经济活动主体的信用档案，增强经济主体诚信状况的透明度，使企业、中介机构和个人的信用状况真正成为其参与社会经济活动的重要依据。(3) 强化监督，形成相互制约的常态化诚信体系。加强社会舆论监督，充分发挥媒体等社会力量的监督作用，给失信行为以强大的社会舆论压力；充分利用社会中介机构的监督作用。

2. 增强对劳务派遣市场的行政监管

市场具有滞后性等缺点，而且，市场作用的发挥也需要借助一定的行政手段，因而，行政手段在劳务派遣中也是不可或缺的。

《劳动合同法》第 4 条规定：经营劳务派遣业务，应当向劳动行政部门依法申请行政许可，这相对于 2008 年的《劳动合同法》是一个进步，但是也可以看出，“行政许可”只是一个门槛，法律并未提出对劳务派遣企业进行动态的监管。所以笔者认为，行政部门的动态监管是很有必要的。劳动行政部门应该建立完整的劳动者档案管理机制和劳务派遣单位经营状况监督机制，并且进行实时监督，且根据具体的情况调整管理方式。

另外，有些学者提出了劳务派遣的公共化改革，尤其是针对中低端和非技术性人员。公共性就是对其营利性做出相应的限制，使其在安置国有企业下岗人员、组织农村剩余劳动力合理流动、帮助大学生实现过渡性就业方面发挥更大的作用。这对于规范劳务派遣市场也是一种有效的手段。

3. 不断完善劳务派遣的法律体系

法律是社会活动的规范，法律的不健全会造成各种严重的影响，因而，相关法律的完善是最基本也是最亟待解决的问题。

（1）建立稳固的三角关系，给用人单位和用工单位充分的博弈空间。学者常凯认为，被派遣劳动者与用人单位和用工单位之间仅存在“一重劳动关系”，这三者关系中，用人单位和用人单位与被派遣劳动者是两方关系而非三方关系，用人单位与用工单位共同构成被派遣劳动者的雇主，即共同雇主。从该学者的观点可以看出，在派遣劳动者、用人单位、用工单位三方主体中，用人单位与用工单位构成了“共同雇主”，他们形成的关系就不再是单纯的“三角关系”，而是一个“跷跷板关系”，而且实力较弱的被派遣劳动者为一方，《劳动合同法》的制定就是为保障其权利。为了使这种关系更加健康，应该建立一种用人单位和用工单位的博弈制度，使三方逐渐形成稳固的“三角关系”。比如，明确派遣劳动者的合法权益，并由两方协商责任分配，协商过程需要劳动派遣者参与，并且劳动行政单位对协商过程及结果进行备案、监督。最终，通过双方博弈而非简单的限制，达到劳务派遣方式的合理化。

另外，三者关系中有两种关系，并签订了劳动合同和劳务派遣协议，而且劳务派遣协议的签订并未涉及派遣劳动者，这就会形成用人单位与用工单位的“黑箱”，为防止暗箱操作，可以由派遣劳动者参与，三者签订一份劳动合同。

（2）增强法律规制的系统性、科学性、精确性。我国现行的关于劳务派遣的法律规制存在管理不均衡、操作性较弱、模糊性的问题。针对这些问题，我们首先需要建立完善的法律体系，达到法律体系的均衡，企业义务与责任的对等，使违法的代价大于守法。在责任与义务的规定上，要做到上位法与下位法、特别法与一般法的统一，这样才能真正发挥法律的作用。其次，在法律规制的制定上，应根据实际情况，制定切实可行、操作性强的法规，能够为现实工作提供指导标准，比如完善行政许可的标准体系，或是违反标准的补救方式等。最后，关于法条的模糊性，这是发展过程中不可避免的，立法应该充分发挥前瞻性作用，仔细推敲、审核用词，结合各种观点，做好充分的事实调查，并且借鉴国外经验，比如在劳务派遣应用范围上，可参照日本，采用反向举例的方式，比如哪些行业不可以进行劳务派遣工作。而且，法律也要根据实际的发展做出微调。

（3）加强刑法管制。劳动领域有很多问题需要用到刑法，而刑法却并未在劳动领域发挥它应有的作用，比如劳动合同法中，违法结果只涉及了经济罚款，并未涉及更严厉的处罚，这就造成了违法“成本低”的状况，无良的商人就会有恃无恐。因此，劳动领域需要《刑法》的介入。法国、日本、德国等国家关于劳务派遣中的法律责任规定涵盖了民事责任、行政责任乃至刑事责任。如在法国，若用工单位在长期性、持续性工作岗位上使用劳务派遣，则将面临3750欧元的罚金处罚，如果是累犯，处以7500欧元罚金和6个月监禁，并承担民事责任。而日本《劳工派遣法》规定，未取得许可而为一般型劳工派遣的企业，处以1年以下有期徒刑或10万日元以下罚金。

全球经济日新月异，劳务派遣作为一种用工方式应运而生。我们在看到它带来的问题的同时，也应该认识并充分利用它的优越性，而不应一味限制其发展。在立法上，关于劳务派遣的规制，从无到有是一个进步，但是我们仍有很长的路要走，需要慎重前行，在保护劳动者权益的前提下，不断规范劳务派遣的发展。

（作者单位：北京物资学院劳动科学与法律学院）

参考文献

[1] 常凯，李坤刚．必须严格规制劳动者派遣［J］．中国劳动，2006（3）．

[2] 林嘉，范围．我国劳务派遣的法律规制分析［J］．中国人民大学学报，2011（6）．

[3] 郑尚元．不当劳务派遣及其管制［J］．法学家，2008（2）．

[4] 周长征．劳务派遣的超常发展与法律再规制［J］．中国劳动，2012（5）．

[5] 郑尚元．我国劳动派遣现状与劳动者权益保护——兼谈《劳动合同法》（草案）中的“劳动派遣”之立法规制［J］．国家行政学院学报，2007（2）．

[6] 李雄．我国劳务派遣制度改革的误区与矫正［J］．法学家，2014（3）．

[7] 吴义太．我国劳务派遣法律规制的创新与完善［J］．商业时代，2010（27）．

[8] 刘大卫．劳务派遣制度对中国未来劳动力素质的影响［J］．云南社会科学，2011（5）．

[9] 王全兴，杨浩楠．试论劳务派遣中的同工同酬［J］．苏州大学学报（哲学社会科学版），2013（3）．

[10] 谢德成．我国劳务派遣立法的模糊性及其改进路径［J］．法学，2011（8）．

[11] 姜颖，杨欣．论劳务派遣中劳动者权益保障——基于“劳动合同法调研问卷”的实证分析［J］．国家行政学院学报，2011（2）．

[12] 管亚东．全国劳务派遣工达6000万［N］．深圳商报，2014－3－5．

[13] 章惠琴．劳务派遣的法律规制研究［J］．杭州师范大学学报（社会科学版），2013（2）．

[14] 中企顾问网．2014－2020年中国劳务派遣市场调研与投资前景评估报告［EB/OL］．2014，6．［2015－1－14］．http：//www.cction.com/report/201406/107757.html.

学习风格理论在企业培训中的应用

顾国爱*

内容提要：当前，企业培训越来越被重视，但人们在企业培训中往往忽视了对受训者的关注。因此，本文借助教育学中的学习风格理论，深入分析受训者的学习特征，并根据受训者的学习风格指导企业如何选择培训方式，本文提出了一些建议，希望能丰富企业培训的内容，提高企业培训的效率。

关键词：学习风格　受训者　培训方式

自从贝克尔提出了人力资本理论，企业培训便得到了普遍的重视。但不论是在理论研究还是企业实践中，对培训的重视一般落实在培训的投资与收益的分析上。20 世纪 80 年代逐渐兴起的人力资源管理，其对培训的研究重点也集中在培训需求分析、费用预算、培训方式和培训方法的选择以及培训效应的评估上，这些研究都忽视了对受训者的研究。本文借助于教育学中的学习风格理论，从分析受训者的学习特征入手，对企业培训的若干问题进行重新认识，以期从理论上丰富企业培训的内容，从实践上提高企业培训的效率。

一、学习风格理论综述

学习风格是教育学中的重要概念，最早由美国学者哈伯特・塞伦于 1954 年提出。丽塔・邓恩夫妇认为，学习风格是学生集中注意并试图掌握和记住新的或困难的知识技能时所表现出的方式。

我国学者在对西方学者进行借鉴的基础上，进行了如下界定。南京师范大学谭顶良先生把学习风格界定为："学习风格是学习者持续一贯的、带有

* 顾国爱，湖北襄阳人，副教授，博士，主要从事人力资源管理与知识管理研究。

个性特征的方式，是学习策略和学习倾向的总和。”胡斌武先生则认为，学习风格是“指学习者在长期的学习活动中表现出的一种具有鲜明个性的学习方式和学习倾向。学习方式指的是学习者为完成学习任务而采用的方法、策略、步骤；学习倾向指的是学习者对学习活动的动机、态度、情绪体验、坚持性以及对学习环境、学习内容的偏爱”。廖泽英认为，学习风格是指个体在知觉和学习中处理信息的方式以及个体对作业做出反应所使用的各种策略，涉及个体处理学习中的信息或解决问题时所偏爱的方式。郝贵生认为，学习方式是学习主体在学习过程中形成的一种相对稳定的形式、程序和定势，它包括学习的动机、态度和方法等。

综上所述，学习风格是学习者持续一贯的、带有个性特征的学习方式，是学习策略和学习倾向的总和，是对学习者感知不同刺激、并对不同刺激做出反应这两个方面产生影响的所有心理特性。

20 世纪 80 年代中叶，瑞德将学习风格分为：视觉型、听觉型、触觉型、小组型、个人型和动觉型。20 世纪 90 年代初期，美国学者奥克斯・福特将学习风格分为五大类：(1) 与感官偏爱有关的学习风格：听觉型、视觉型和触觉型或操作型；(2) 与人格特质有关的学习风格：外向型和内向型；(3) 与信息加工方式有关的学习风格：直觉性和序列型；(4) 与信息接受方式有关的学习风格：封闭型和开放型；(5) 与思维方式有关的学习风格：分析型和整体型。

二、如何测定企业员工的学习风格

国外已有一些测定学习风格的方法，但这些分析方法的效果并没有得到全面的认可，原因有很多，例如费时（帕斯克的调查方法）、实践性较差（马顿的调查方法只能用于小样本的群体）。另外，还有一些用纸笔答卷的测验也用于分析学习风格。但这些分析方法大多与马顿或者帕斯克方法相似，或者侧重其中的某一部分。例如，毕格斯（John Biggs）的学习过程问卷等。总之，学习风格分析还有待深入的研究。

而利用所罗门学习风格分析表，可以将学习风格进行如下的划分：

1. 活跃型与沉思型

活跃型学习者倾向于通过积极地做一些事——讨论、应用、解释给别人听来掌握信息；而沉思型学习者更喜欢首先安静地思考问题。

“来，我们试试看，看会怎样。”这是活跃型学习者的口头禅。而“我们先好好想想吧”是沉思型学习者的通常反应。活跃型学习者比较倾向于独立工作，沉思型学习者更喜欢集体工作。每个人都是有时候是活跃型，有时候是沉思型的，只是有时候某种倾向的程度不同，可能很强烈或一般，抑或很轻微。

2. 感悟型与直觉型

感悟型学习者喜欢学习事实，而直觉型学习者倾向于发现某种可能性和事物间的关系。

感悟型的学习者不喜欢复杂情况和突发情况，而直觉型的学习者喜欢革新不喜欢重复。感悟型的学习者直觉型的学习者相比，更痛恨测试一些在课堂里没有明确讲解过的内容。

感悟型的学习者对细节很有耐心，很擅长记忆事实和做一些现成的工作。直觉型的学习者更擅长于掌握新概念，比感悟型的学习者更能理解抽象的数学公式。感悟型的学习者比直觉型的学习者更实际和仔细，而直觉型的学习者又比感悟型的学习者在工作中更具有创新性。

感悟型的学习者不喜欢与现实生活没有明显联系的课程；直觉型的学习者不喜欢那些包括许多需要记忆和进行常规计算的课程。

每个人都是有时是感悟型的，有时是直觉型的，只是有时候其中某一种的倾向程度不同。要成为一个有效的学习者和问题解决者，你要学会适应两种方式。如果你过于强调直觉作用，会错过一些重要细节或是在计算和现成工作中犯粗心的毛病。如果你过于强调感悟作用，会过于依赖记忆和熟悉的方法，而不能充分地集中思想理解和创新。

3. 视觉型与言语型

视觉型学习者很擅长记住他们所看到的东西，如图片、图表、流程图、图像、影片和演示中的内容，言语型学习者更擅长从文字的和口头的解释中获取信息。当通过视觉和听觉同时呈现信息时，每个人都能获得更多的信息。

在大学里很少呈现视觉信息，学生都是通过听讲和阅读写在黑板上及课本里的材料来学习。不幸的是，大部分学生都是视觉型学习者，也就是说学生通过听讲这种方式获得的信息量不如通过呈现可视材料的方法获得的信息量大。

4. 序列型与综合型

序列型学习者习惯按线性步骤理解问题，每一步都合乎逻辑地紧跟前一步。综合型学习者习惯大步学习，吸收没有任何联系的、随意的材料，然后突然获得它。

序列型学习者倾向于按部就班地寻找答案；综合型学习者或许能更快地

解决复杂问题，或者一旦他们抓住了主要部分就用新奇的方式将它们组合起来，但他们却很难解释清楚他们是如何工作的。

许多人读到这段描述会错误地认为他们是综合型的，以为每一个人都有恍然大悟的经历。序列型学习者可能没有完全了解材料，但他们能以此做些事情（如做家庭作业或参加考试），因为他们掌握的是逻辑相连的。另一方面，那些缺乏顺序思考能力的极端综合型学习者即使对材料有了大概的了解，他们可能对一些细节还是很模糊，而序列型学习者能对主题的特殊方面知道许多，但联系到同一主题的其他方面或不同的主题时，他们就表现得很困难。

三、学习风格与培训方式的选择

在企业培训中，培训方式的选择是决定培训有效性的一个重要环节。而步入 21 世纪，在现代培训发展逐步呈现出新趋势的同时，培训方式的运用正渐渐发生变化，除了传统的讲授等方式外，又出现了多种诸如个案研究、角色扮演等更为灵活的方式。这些方式在使用中各有其特色，如何根据具体情形对各种方式进行科学选择，在实际培训工作中常常困扰着培训者。现将企业培训中流行的 8 种方式进行分析比较，并阐述了如何根据培训目标和各种方式的优缺点来选择培训方式，供企业培训者在实际工作中参考使用。

对于教学设计来说，之所以要对学习者的学习风格进行分析，是基于这样一个假说：当教学策略和方法与学习者的思考或学习风格相匹配时，学习者会获得更大的成功。因此，在教学设计中不只需要找到容易诊断学习者风格的方法，而且也要能够发现合理设计教学系统或材料的方法。

1. 8 种企业培训方式的特点及其应用条件

（1）讲授法：最为传统的培训方式，优点是运用起来方便，便于培训者控制整个过程；缺点是单向信息传递，反馈效果差，不符合成人经验式学习的特点，灵活性差。常被用于一些概念性知识的培训。

（2）视听技术法：通过视听技术（如幻灯片、录像片、投影仪等工具）对学员进行培训。优点是运用视觉与听觉的感知方式，直观鲜明；缺点是学员的反馈与实践差，且制作与购买的成本高，内容易过时。多用于介绍企业市场信息、传授技能等培训内容，也可用于概念性知识的培训。

（3）讨论法：依照费用与操作的复杂程度又可分为一般小组讨论与研讨会两种方式。研讨会多以特色演讲为主，中途或会后允许学员与演讲者进行交流沟通。优点是信息可以多向传递，与讲授法相比反馈效果较好；缺点是费用较高。而小组讨论法的特点是信息交流的方式为多向传递，学员的参与性高，费用低。多用于巩固知识，训练学员分析、解决问题的能力与人际交往的能力，但运用时对培训师的要求较高。

（4）案例研究：通过向培训对象提供相关的背景资料，让其寻找合适的解决方法。这一方式费用低，反馈效果好，可有效训练学员分析解决问题的能力。另外，近年的研究结果表明，案例、讨论的方式也可用于知识类的培训，且效果更佳。

（5）角色扮演：受训者在培训师设计的工作情景中扮演其中角色，其他学员与培训师在学员表演后做适当的点评。由于信息传递多向化，反馈效果好，实践性强、费用低，因而多用于人际关系能力的训练。

（6）企业内部网络培训：是一种借助于计算机网络信息技术的培训方式，投入较大，对学员的监督较弱，但由于使用灵活、符合分散式学习的新趋势、节省学员集中培训的交通与费用、信息传递优势明显、更适合成人学习，为实力雄厚的企业所青睐。

（7）自学：这一方式较适合于一般概念性知识的学习，由于成人学习具有偏重经验与理解的特性，让具有一定学习能力与自觉的学员自学是既经济又实用的方法，但此方式也存在监督性弱的缺陷。

（8）T 小组：也称为敏感性训练法。这一方法主要适用于管理人员人际敏感程度的训练。通过让学员在培训活动中的亲身体验来提高他们处理人际关系的能力。其优点是可明显提高人际关系技能，但其效果在很大程度上依赖于培训师的水平。

2. 培训方式的选择

如果培训的目标只是为了令学员获取一些理论方面的知识，由于易为成年学员所接受、操作方式简便、费用较低，自学就成为首选方法，而内部网络借助计算机界面的丰富性与学习时间的灵活性优势在备选项中列第二位。讲授具有费用低、操作简便的特点，一直作为这一目标的传统培训方式，但有关专家认为，它在记忆力与注意力方面效果欠佳，因此反不及案例、讨论等方式。

当培训目标是为了训练学员分析解决问题的能力时，“个案研究”由于其分析针对性特点列第一位；“角色扮演”由于实践性强列第二位；“讨论”由于其学员参与度高的优点列第三位。

当培训目标是为了改变学员态度与提高人际交往能力的目标时，由于需要借助人与人之间的实际交流来进行，因此，具有信息传递单向性特征的培训方式如视听技术等通常不被使用。

（作者单位：北京物资学院劳动科学与法律学院）

参考文献

[1] 张天宝，姚辉．当代西方学习风格研究概观——兼谈学习风格的研究价值 [J]. 江西教育科研，1996 (4).

[2] 潭顶良．学习风格论 [M]. 江苏：江苏教育出版社，1995.

角色定位与管理沟通

东方慧博研究院

内容提要：管理是指在社会组织或者企业中，管理者为了实现预期的目标，通过计划、组织、指挥、协调、控制及创新等手段，结合人力、物力、财力、信息等资源，以期高效地达到组织目标的过程。而管理角色定位是指管理者对自己角色明确的目标定位，管理者角色定位是管理工作的基础。然而，管理者应该如何进行合适的角色定位呢？本文作者结合多年的研究和实践经验，在这里和大家一起探讨如何进行管理角色定位和沟通的相关问题。

关键词：定位　管理　沟通　周哈里窗

一、管理角色定位存在的问题

结合东方慧博多年的实践和研究经验，我们发现管理者角色定位是管理者关于外界对自身角色要求的认知、内化和表达的过程。管理者在角色定位过程中，需要考虑以下因素：自身条件、公司环境、团队成员、任务性质等。而在实际情况中，由于管理者自身原因或者外在环境情况变化等原因，管理者在角色定位过程中会出现以下问题：

1. 管理者角色转变困难

管理者大多是由骨干员工转化而来，而管理者与骨干员工在角色定位上存在以下区别：骨干员工处于组织中的执行层，而管理者则处于组织中的监督管理层；骨干员工的责任范围为处理专门的事务，而管理者的责任范围为处理专门事务和激励团队；骨干员工的工作技能为业务技能，而管理者的工作技能为业务技能和人际管理；骨干员工的评价标准为个人业绩，而管理者的评价标准为团队业绩。由于骨干员工与管理者存在以上差别，部分管理者在角色转换过程中存在困难。

2. 管理者角色的内在认同与外在表现存在不一致

心理学家鲁夫特（Joseph Luft）和英格汉（Harry Ingham）1955 年通

过研究提出“周哈里窗”(Johari Window)。(见图1)

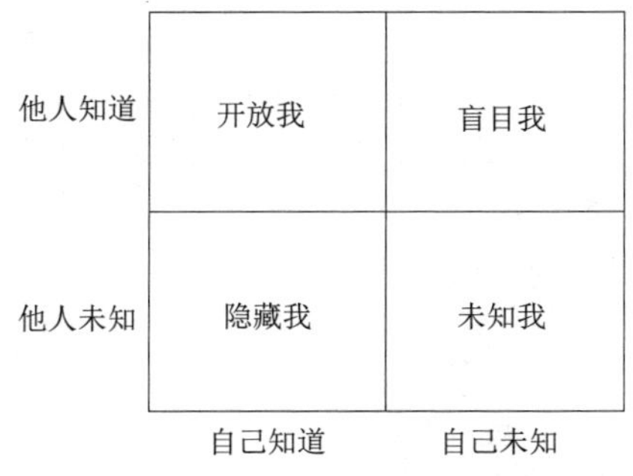

图1 周哈里窗

周哈里窗展示了关于自我认知、行为举止和他人对自己的认知之间在有意识或无意识的前提下形成的差异。而管理者在日常角色定位中也存在相关问题，即其内在认同和表现的角色定位与他人对其的角色定位理解存在不一致现象。

3. 管理者角色定位与当前外在环境不相符合

不同的管理角色与不同的企业环境、团队角色和任务性质有关。而管理者在日常工作中都倾向于选择自己最“舒服”的管理方式来进行管理。因此，在很多情况下管理者角色定位的选择有可能不符合当前的外在环境，从而造成管理角色的错位。

二、管理角色定位方式方法探讨

当管理者进入角色的时候，别人就会对管理者产生期待，要满足别人对他的期待，管理者就应该采取合适的方式方法（见图2)。根据东方慧博多年的实践和研究经验，我们认为管理角色定位应采取以下方式和方法：

1. 管理者角色定位步骤

第一步，管理者应综合判断当前任务性质、团队特点和企业所处的阶段。任务性质是指要考虑任务的紧急程度、任务对时间点和质量的要求等；团队特点指要考虑团队职业成熟度、团队内成员信任度等；企业所处阶段指企业是否处于初创期。

第二步，根据综合判断结果采取适合当前形式的管理。东方慧博研发的5D量表报告中有关于不同管理风格适合情景的详细说明（见表1)。

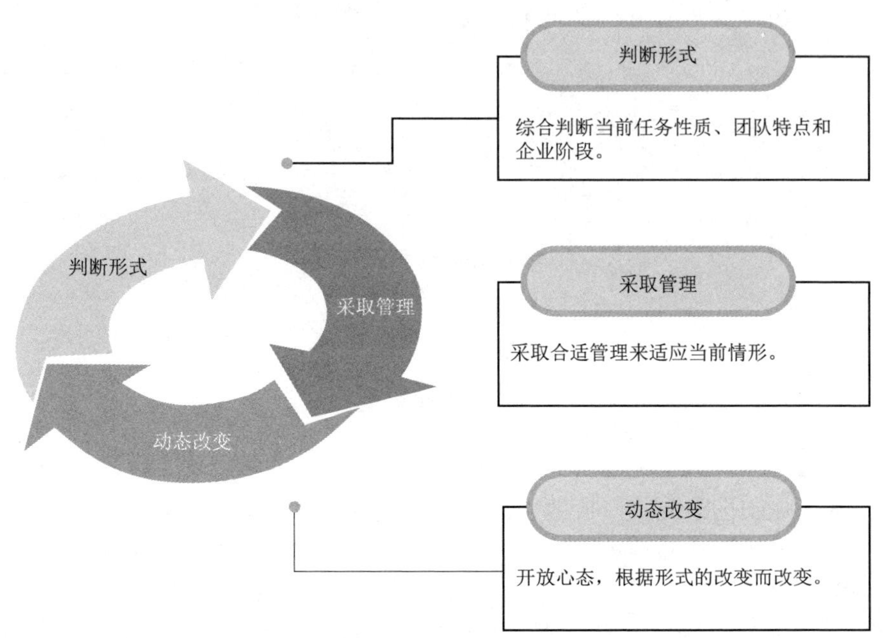

图 2　管理角色定位采取方法

表 1　不同管理风格适合的情景

管理风格	适　用　情　景
权威型	（1）企业初创期。
	（2）突发情况或者任务紧急的情况下。
	（3）任务对节点和质量有严格要求，不要求创新。
	（4）团队成员能力和经验均不足。
教练型	（1）组织或业务的相对稳定和成熟期。
	（2）团队成员基本素质较好，但缺乏相关经验。
	（3）组织梯队系统相对“健康”。
团队型	（1）组织内的业务相对独立。
	（2）业务人员或负责人专业能力较强。
	（3）需要改善沟通或修复信任受损的团队。
授权型	（1）组织运营管理或业务管理相对成熟。
	（2）团队成员职业化、专业化程度较高。
	（3）多元化的业态或业务产品。

第三步，管理者要采取动态眼光，根据情景的改变而改变管理风格和管

理方法。

2. 系统思考是管理定位的开始

管理者与团队成员的沟通是角色定位最重要的基础工作。管理者在沟通前期必须充分考虑要沟通的内容，而系统思维则是管理者充分考虑问题的关键。东方慧博根据多年的研究和实践，提出人力资源的系统思维模型（见图 3）。即管理者在角色定位过程中，要按照“PDCA”循环模式系统思考相关问题。具体说明如下：

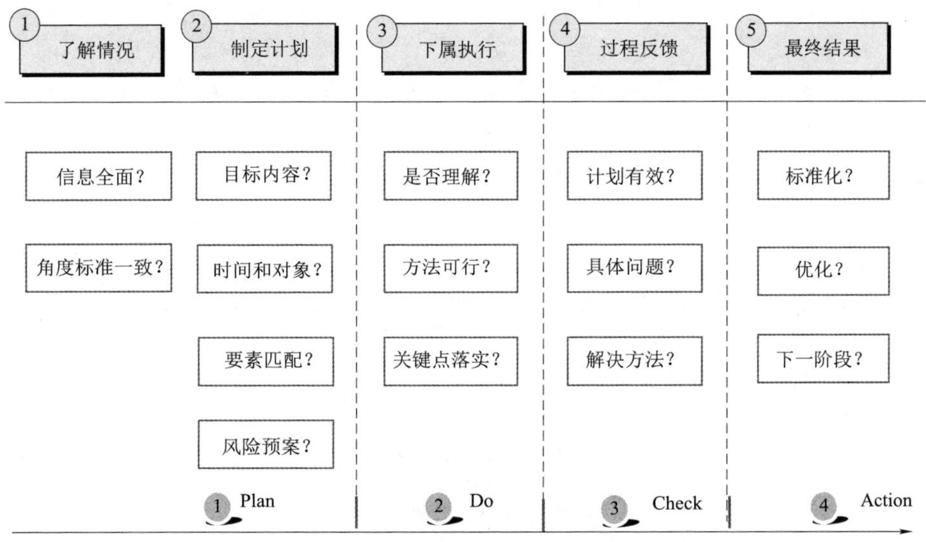

图 3 人力资源系统思维模型

（1）计划环节：管理者要考虑自己了解的信息是否全面、自己所持的标准及看问题的角度与他人是否一致、目标制定是否明确、可测量、可达到、彼此相关和有时间限制。

（2）执行环节：管理者要考虑下属是否理解目标、下属针对目标所采取的方法是否可行以及下属在执行过程中关键点的落实情况。

（3）检查环节：管理者要关注执行过程中制定的计划是否有效、执行过程中是否碰到相关问题和是否有针对这些问题的解决办法。

（4）行为结果环节：管理者要关注最终产生的结果是否可以作为以后处理类似问题的标准化程序、程序是否有优化可能以及此阶段的成果能否为下一阶段的目标提供便利。

模型中相关问题的细节考虑需要借助相关工具来实现。鉴于篇幅的考虑，以下将重点介绍东方慧博研发的“5DMT ＋ MA”量表在帮助管理者了解自己与他人在管理角色标准上是否一致方面的作用。

3. 通过5DMT＋MA量表实现管理角色标准沟通

5DMT＋MA量表是五维管理风格和能力量表的简称，是通过被测评者自己、上级、同级、朋友和下级五个评价源对被测评者进行管理风格和管理能力的评价，经过统计分析后说明评价者自我与其上级和其他人在管理风格和管理能力具体维度的评价标准是否一致。该量表根据慧博研究院多年的实践和研究经验而研发，下面将具体介绍：

根据保罗·赫塞等人的研究，东方慧博将管理风格分为四种类型：权威型、教练型、团队型和授权型。权威型管理者强调任务完成过程中下属对个人权威的绝对服从；教练型管理者强调任务完成过程中任务的有效完成；团队型管理者强调任务完成过程中团队关系的保持；授权型领导者强调任务完成过程中要人尽其责，不同管理风格强调的重点不同，而且适合的管理情景也不同。

依据彼得·德鲁克等人的研究，东方慧博将管理能力具体分为内在动力、分析判断、推动落实、人际沟通和团队建设五个维度（见图4）。

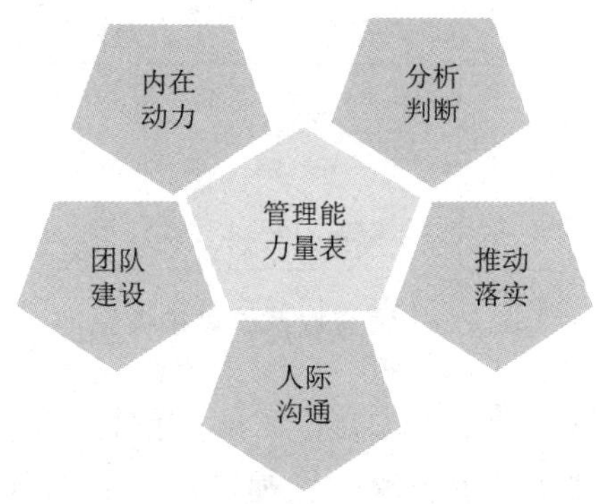

图4 管理能力的维度

这五个维度又进一步细分为4～5个二级维度，如推动落实细分为计划制订、资源整合、跟踪把控、多任务处理和突发事件处理5个二级维度，最终得到的管理能力量表一共有22个二级维度。这22个二级维度清晰地界定了管理者的能力结构。

测评完后得出被测评者的管理风格报告和管理能力报告：管理风格报告主要说明被测评者与其他人在管理风格上是否存在差异、不同管理风格适用什么管理情形；管理能力报告主要说明被测评者与其他人在管理能力的五大维度上评价标准是否存在显著性差异、造成维度差异的可能原因是什么。

管理者根据测评报告中自我与上级和他人在管理风格和管理能力具体维度上的差异，分析存在这一结果的可能原因，管理者与上级和他人就存在差异的维度和可能性原因进行详细的沟通验证。

三、结论

管理者角色定位是管理工作的基础，是关系着团队工作氛围和工作绩效的重要因素之一。因此，管理者在角色定位过程中不仅要进行人力资源的系统思考，而且还要根据实际工作情景进行动态的变换，借助 5DMT＋MA 测评工具，可使管理者在角色定位中澄清以下问题：

（1）管理风格和管理能力的采用是否符合当前工作情景要求。

（2）自我对于管理风格和管理能力的内在认知与外在表现与他人对测评者的认知是否存在显著性差异。

（3）自我与他人在管理风格和管理能力上存在差异的可能性原因。

参考文献

[1] 吴文华，赵行斌．领导风格对知识型员工创新行为的影响研究［J］. 科技进步与对策，2010，(2).

[2] 孟繁强．战略人力资源管理的匹配与冗余——两种逻辑的形成与耦合［J］. 经济管理，2010，(3).

[3] 邓今朝．团队成员目标取向与建言行为的关系：一个跨层分析［J］. 南开管理评论，2010，(5).

[4] ［英］克里斯汀·韦尔丁，尧俊芳．运用约哈里窗户模式开放自我［J］. 发现，2009，(4).

社会保障研究

- 浅析新生代农民工市民化过程中的社会保障问题
- 社会保险接续转移的问题分析
- 论北京市社会救助政策的改革
  ——以福利经济学为视角
- 劳动与社会保障专业大学生社会调查改革与实践

浅析新生代农民工市民化过程中的社会保障问题

李晓晖*

内容提要： 随着经济社会的发展和城市化进程的推进，以“80后、90后”为代表的新生代农民工逐渐成为农民工群体的主体，他们对城市的建设和发展发挥着不可替代的作用，新生代农民工向市民化转变也是一种必然的发展趋势。然而，由于现有的社会保障制度不够完善、立法不够健全等原因，农民工的基本社会保障权益得不到切实保护，成为阻碍新生代农民工市民化的最大因素。提高全社会对构建新生代农民工社会保障制度的认识，逐步完善国家相关政策体系，唤醒农民工的自我权益维护意识成为今后社会和谐稳定、城市化进程顺利进行的必经之路。

关键词： 新生代农民工　市民化　社会保障

农民工是中国经济社会转型期出现的一个新社会阶层，他们广泛地分布于国民经济的各行各业，为城市经济的发展和国家的现代化建设做出了突出的贡献，已成为一支新型的劳动力大军，是我国新时期产业工人的重要组成部分。特别是，近年来出生于 20 世纪 80 年代的新生代农民工规模急剧扩大，已逐渐在城市中取代他们的父辈成为农民工群体的主体。新生代农民工具有不同于老一代农民工的群体特征和成长经历，不仅具有比老一代农民工更高的生活期望和更强的竞争优势，同时也渴望有更为广阔的发展前景和生存空间，更加积极主动地去实现自身的价值。他们大多数不愿回到农村，也没有从事农业生产的农业技能，无论是心理预期还是就业技能都将自己定位于城市，认同自己的城市角色，他们渴望融入城市社会，成为我国市民化进程中最主要也是最为迫切的部分。

---

* 李晓晖，河南新乡人，副教授，博士，主要从事经济政策研究。

然而，由于长期以来城乡二元制度壁垒的影响及这一制度壁垒所造成的各种不利因素的积累，农民工虽然在地域上由农村进入了城市，在职业上由农业转入了非农业，但社会身份依然是农民，无法享有与市民同等的地位和权利。也就是说自从新生代农民工走出农村踏入城市的那一刻起，他们就已经失去了原先在农村依赖土地供给的传统的生活保障，只能依靠打工赚取的微薄薪水来维持自身的多项基本生活需要。而特殊的身份更使他们享受不到城市社会保障的相关权益，因而造成他们抵御风险的能力非常脆弱。当遇到生病、失业和事故等情况时，往往因为无法得到城市社会保障的相应救助，生活陷入困境。完善我国社会保障体系，对日益壮大的新生农民工大军的工作和生活加强保障既是推进我国城市化发展的重要一环，也是维持社会和谐发展的必要之举。

一、新生代农民工的特点

1. 新生代农民工的界定

农民工是伴随着我国工业化、城市化和改革开放的进程产生和发展起来的，特别是20世纪80年代中期以来，随着我国长期实行的城乡壁垒政策逐步松动和城市商品经济的快速发展，农村剩余劳动力大量流向城市，形成了规模空前、举世无双的“民工潮”现象。按时间的推移，从“民工潮”出现到现在，农村大致走出了“三代农民工”。

第一代农民工出生于20世纪70年代以前，他们的务农技能熟练但是文化程度不高，对工作也没有过高的要求；第二代是1970～1979年出生的，这一代农民工文化程度有所提高，但是务农的本领不如第一代农民工，“他们大多已有子女，为了子女的教育和生活，他们的家庭一般处于两地分居状态，妻子在家抚养子女，丈夫在外打工赚钱。”❶ 第三代农民工就是现在的80后一代农民工，他们的文化程度明显提高，也有相对较高的工作期望值。与前两代的农民工相比，他们缺乏务农的经验和吃苦耐劳的精神。但是，这部分人的受教育程度却低于城市同龄人，这导致他们的工作状况远远达不到期望值。

目前我国社会上所说的新生代农民工普遍指的就是上述第三代农民工。他们以“80后、90后”为主体，多数是出了校门就进入城市打工的，虽然户籍是农村人口，但几乎没有任何务农的经历和经验；他们与农村生活日渐

---

❶ 杨婷：“有个人群叫农民工”，载《中国经济时报》2004年10月27日。

脱离，大多数人不愿意在结束了若干年的打工生涯后回乡务农，他们向往城市生活，渴望融入城市社会。

2. 新生代农民工的特点

(1) 时代性：体制变革和社会转型不断深入，新生代农民工的物质生活逐渐丰富，发展型的需求层次已经在新生代农民工之间占据主导；他们不仅注重工资待遇，自身权利的实现和技能的提高也逐渐成为他们关注的重点。他们能够在通信技术和大众传媒的进步下更迅捷地接受现代文明的熏陶，他们的思维方式更加开放，价值观也更加多元，逐渐成为城市文明以及城市生活方式的向往者、接受者和传播者。

(2) 发展性：新生代农民工大多是 20 多岁的青年人，他们的心智以及思维正处于不断成长阶段，外出务工的观念也处于不断的发展变化当中，对于一些问题的理解具有很大的不确定性。刚走出学校时间不长的他们，具有满腔的热情，满怀理想，但是在职业道路的起步阶段他们的职业发展仍然有很大的不确定性；新生代农民工即将面临结婚生子以及子女教育的重要阶段，也一定会面临着可预见以及不可预见的人生困难。

(3) 双重性：新生代农民工兼具农民与工人的双重身份，正处在由农村人向城市人转化的过程中。他们以务工为主要谋生手段，对劳动关系和工作环境比较重视，看重劳动所得与劳动付出的对等，期待工资水平的提高以及工作环境的改善，从这些方面讲他们具有明显的工人特征；但由于受到城乡二元机制的影响，他们依然是农民，也保留着农民的一些特质。他们的身份具有双重性。

(4) 边缘性：他们在城市生活，心理预期明显比他们的父辈要高，但是耐受力却比他们的父辈低，他们缺乏农业生产技能，从心理上抵触传统的农业生产，在传统的乡土社会中处于边缘位置；与此同时，受城乡二元经济体制的影响，再加上他们自身技能缺乏等因素的制约，在城市中他们很难获得稳定的收入，想融入城市的主流社会也很难，因此，无论是在城市还是农村，新生代农民工都处于边缘位置。

二、新生代农民工市民化进程以及社会保障缺失原因分析

1. 新生代农民工市民化进程

现代化过程总是伴随着农业比重的大幅度下降和城市化的推进。而在我国，城市化进程却滞后于工业化进程，这种结构化偏差很大程度上反映在农民工的身上，在工业化程度发展到比较高的阶段时，近 1.6 亿的外出农民工

在城镇的二、三产业就业并创造 GDP，但却因种种障碍，他们无法完成市民化而成为真正的市民，城市化进程因为农民工不能完成市民化的转变而严重受阻。

2. 新生代农民工社会保障的缺失现状

我国的社会保障制度在最初的设计和实施上是在严格的户籍管理体制上建立起来的，原有社会保障制度的主要服务对象是城镇市民，针对农村居民设计的是以土地保障为基础的相对“不全面的”农村保障制度。而新生代农民工可以说是处在城市和农村之间的“边缘人”，因为没有城镇居民户籍被排斥在了城镇社会保障制度的保障之外，同时因为离开了家乡、离开了土地，所以他们也享受不到本就不完善的农村社会保障。可以说新生代农民工的社会保障制度基本上还是一个空白。

新生代农民工市民化进程中社会保障等方面与城市市民的比较如表 1 所示。

表 1 新生代农民工市民化进程中社会保障等方面与城市市民的比较

比较指标	城市市民	新生代农民工
受教育程度	相对高一些，差别不大	相对低一些，差别不大
工作性质	相对稳定、高收入的工作	多从事于低端工作和行业
工作福利	比较全面	基本没有
休息休假	享受全国性的正常休假	基本没有，还得加班
五险一金	所在单位一般都会缴纳	所在单位一般不会缴纳

3. 新生代农民工社会保障缺失的原因

（1）社会因素的影响。首先是传统观念的影响。由于二元经济结构的长期存在，以及新中国成立初期牺牲农业发展工业的国家政策，城乡发展差距越拉越大，城市市民更多地享受了发展带来的成果，在教育、医疗、体育等方面得到了更多的实惠，城市市民对农村、农民存在着潜在的偏见心理。因此当新生代农民工进入城市生活工作时，常因其尴尬的身份受到不公正待遇。其次是社会监督力度不够。社会监督力量缺乏，造成企业只重视经济效益，为了逐利而忽视乃至无视新生代农民工的利益诉求；很多企业没有和新生代农民工签订劳动合同，没有与之建立正式的劳动关系，也就更谈不上为其办理社会保险；有些民营企业、个体户对社会保障缺乏正确的、客观的认识，非常短见地认为为新生代农民工缴纳社会保险给企业增加了负担，顶着被投诉的风险不为新生代农民工参保；还有部分企业以新生代农民工不愿意参保为缘由拒绝为其参保。

（2）国家政策的影响。首先是二元经济政策的影响。城乡二元社会经济结构政策其实是造成新生代农民工社会保障缺失的根本原因。这种城乡二元结构、户籍制度以及导致社会保障碎片化的地域分级制度使新生代农民工不仅不能享受到农村的社会保障，也无法享受到城市市民的社会保障权益农民工群体彻底成为夹心空白群体。其次，现阶段政策落实及保障不到位，立法层次不高、法律也不完善。社会保障呈现区域分割状态，相关法律操作困难，甚至脱离实际，无法有效地指导社会保障的系统化。农民工出现问题时的诉讼成本高，新生代农民工属于收入偏低的群体，当合法权益受到侵害时就算有心诉诸法律，也因为支付不起昂贵的诉讼费而忍气吞声，无法利用法律保障自身利益。

(3) 自身认识缺陷的影响。由于接受教育的程度相比市民来说不够高，很多新生代农民工眼光不够长远，对社会保障意识淡薄，而且还有不少人对社会保障政策有错误的认识。短视的心理造成新生代农民工偏重于短期利益，对参加社会保障积极性不高；而对社会保障认识不够正确、对政策不信任又再次成为社会保障制度推行的严重阻碍。

三、新生代农民工市民化进程中社会保障问题的逐步解决对策

由于现存的“二元结构”等制度及其他方面的问题和痼疾无法在短时间内消除，农民工社会保障问题也无法在短时间内得到解决，只能随着农民工市民化的进程不断推进而逐步得到解决。

1. 提高社会整体对新生代农民工利益保障的认识

2010 年中央 1 号文件不仅首次正式在国家层面提出“新生代农民工”，还指出要“采取有针对性的措施，着力解决新生代农民工问题。”由此可见，国家要“有针对性的”、采取符合实际要求的措施来解决新生代农民工问题，尤其是新生代农民工的社会保障问题。

我国的经济建设迅猛发展，这在很大程度上要归功于进入城市打工的农民工。新生代农民工为城市建设、城市化发展、国家经济发展做出了不可磨灭的贡献。随着城市化的加深，这个群体的历史归宿将是彻底市民化并成为城市人口。迄今为止，由于社会的认识偏见、分级管理政策、现行制度不完善以及他们自身的缺陷等因素，导致他们成为当前最没有保障的群体，不能享受城市居民所能享受的社会保障。他们强烈的市民化需求因社会保障的缺失而严重受阻，影响了社会的和谐发展，阻碍了新生代农民工市民化的进程。为了保护新生代农民工权益，也为了保障社会和谐稳定，社会整体必须

重视并解决新生代农民工的社会保障问题，促进新生代农民工市民化。

为了切实提高社会对新生代农民工社会保障问题、市民化问题的认识，可以考虑通过社会网络构建专注于新生代农民工的新闻资讯报道、新生代农民工问题研究等交流平台，随着平台影响力的扩大，这个平台有望引起社会对这一群体更多的关注，又能为新生代农民工谋取利益，发出新生代农民工这一群体的内心声音，成为新生代农民工的代言人。

2. 完善新生代农民工市民化进程中的社会保障政策

（1）完善法律法规的针对性、及时性建设，弥补法律漏洞。任何改革都需要法律法规的保障实施，新生代农民工社会保障体系的建设和完善也是一项急需法律法规保驾护航的政策性改革。在这项改革中，要根据实际情况的需要，不断对相关法律法规更新完善，弥补法律漏洞，保证法律法规的及时性和针对性；同时保证相关法律法规的执行力度，切实实施好各项相关法律法规，让法律法规切实起到规范和指导作用。

（2）更加注重政策的倾斜性优惠，健全社会保障体系建设。持续加强保障房建设，为新生代农民工等城市群体在城市安家提供基本条件；要大幅提高新生代农民工社保水平和覆盖面，减少其在城市落户生活的后顾之忧；要尽快把新生代农民工纳入城市财政保障，使其与市民平等享有基本公共服务，加快新生代农民工融入城市的进程。注重新生代农民工社会保障问题的协调解决，重视需求和供给两方面，不断满足其需求，改善供给能力。不能等到矛盾积聚深了再来解决，供给政策的制定更应根据其具体的需求做出调整。

（3）破解城乡二元结构，深化户籍制度改革。中国农业已经不再是剩余劳动力的蓄水池，农村劳动力向城市的转移是不可逆的。保持经济增长的可持续性，要求启动城市化这个新引擎，而新生代农民工无疑将在其中扮演重要角色。以打破城乡分割二元制度结构为核心的户籍制度改革，从全国来看，可以通过把新生代农民工转化为市民，提高公共服务特别是社会保障的覆盖率，扩大就业参与率，改善收入分配，进而扩大消费需求，把经济发展方式引导到内需驱动的轨道。如今我国各个城市以试点形式进行着调整二元结构经济框架的尝试。例如重庆、广东等省市试点施行的户籍制度改革主要是针对当地的农民，如此一来，外地的农民工陷入了只有回到家乡才能参与城市化的尴尬境地。因此重庆、广东的试点旨在为户籍改革找寻可实行的模式，并不是唯一的出路。但是这些试点行为透露出国家在户籍方面的松动，户籍制度、二元结构的消除已经成为了社会经济发展的大趋势，终将会不再成为阻碍新生代农民工市民化的障碍关卡。

（4）政府、企业、民工，三方主体找准定位。政府方面要负起管理服务责任，落实政府执行力度，构建完善公共服务体系。企业方面要负担起社会责任。民营、私营企业和个体户，要逐步转变观念，认识到让新生代农民工参加社会保障不是加重企业负担的做法。企业应充分意识到，从长远利益来看，新生代农民工参加社会保障是会为企业创造经济和社会效益的，可以帮助企业留住人才，防止熟练技术人员流失，防止培训新员工而增加企业成本，能够增强企业凝聚力、竞争力，帮助企业树立良好的社会形象，为企业创造更多的财富。新生代农民工自身要转变观念，加强对社会保障制度的理解，增强自我利益保护意识。尽管新生代农民工现在还年轻，但要从长远角度为自己的将来做打算和考虑，要有忧患意识。

3. 解决新生代农民工市民化进程中社会保障问题要分轻重缓急

目前，我们所谓的新生代农民工都是二三十岁的青壮年，其年龄结构呈现年轻化，因此在解决新生代农民工社会保障问题的时候要注意从实际出发，首先应该着重解决工伤保险、医疗保险、失业保险、生育保险等新生代农民工当前必需的。在解决此类保障问题过程中，要本着公平、公正的原则，保证新生代农民工与城市市民享受相同的保险政策，而不能随意打折扣、恶意掺水分。

在养老保险方面，由于新生代农民工当前并不迫切需要养老，因此可采取不断累积的办法。即在他们工资收入较少的务工初期，缴纳比例小、数额少的一部分收入，等到技术精湛、经验纯熟、收入显著增加的多年之后，可缴纳比例大、数额多的部分收入，简单来说就是缴纳的养老金随着收入的变化而变化，只要在退休前能累积到规定的养老保险费用就可以享受到退休养老金。

（作者单位：北京物资学院劳动科学与法律学院）

参考文献

[1] 刘传江．“第二代农民工”的市民化面临挑战［N］．湖北日报，2006—7—20.

[2] 刘传江，程建林．第二代农民工市民化：现状分析与进程测度［J］．人口研究，2008（5）：48—57.

[3] 简新华．中国工业化和城市化进程中的农民工问题研究［M］．北京：人民出版社，2008.

[4] 曹阳．中国农村非农业群体社会保障研究报告 [M]. 北京：中国社会科学出版社，2006.
[5] 赵晏，刘鑫宏．农民工就业与社会保障研究 [M]. 北京：中国劳动社会保障出版社，2010.
[6] 杨春华．关于新生代农民工问题的思考 [J]. 思想政治工作研究，2010 (3)：17－19.

社会保险接续转移的问题分析

李小帅　解进强*

内容提要：由于我国劳动力流动性较大，人口老龄化问题越来越突出，社会保险的接续转移问题显得愈发重要。本文通过对社会保险接续转移现存问题的分析及对导致这些问题的原因进行研究，提出解决相关问题的政策性对策。

关键词：社会保险　接续　转移

一、引言

社会保险是指国家通过立法强制建立社会保险基金，对参加劳动关系的劳动者在丧失劳动能力或失业时给予必要帮助的制度。社会保险包括养老保险、医疗保险、失业保险、生育保险、工伤保险。根据我国《社会保险法》及其他相关法律法规的规定，养老保险、医疗保险、失业保险在职工跨统筹地区转移时随职工转移而转移。养老保险一般是由国家、单位和个人三方或者单位和个人双方共同承担，其中个人缴纳核定缴费基数的8%，用人单位缴纳核定缴费基数的20%，养老保险可以转移的是个人部分和统筹部分的60%。医疗保险一般是用人单位与个人共同承担，职工按缴费基数的2%进行缴纳，用人单位按缴费基数的10%缴纳，医疗保险转移部分是个人部分，公司缴纳部分大部分被划入统筹部分，统筹部分主要用于住院报销。失业保险由个人与用人单位共同缴纳，其中个人按缴费基数的1%缴纳，用人单位按缴费基数的2%缴纳，失业保险在转移过程中时间的转移比资金的转移更为重要。工伤保险与生育保险完全由用人单位缴纳，在转移过程中不涉及资金的转移。

* 李小帅，河南商丘人，硕士研究生，研究方向为人力资源管理。解进强，河北赵县人，博士，副教授，研究方向是组织与人力资源。

社保的接续转移有利于人力资源的优化组合。在劳动力的实际流动中，我们是需要考虑流动成本的，若社保不能够简单地接续转移，势必会增加人力流动成本，那么很多职工也许就会在不能充分发挥自己才能的岗位终其一生；同时也不利于人力资源的重新配置与优化组合。除此以外，社会保险的接续转移能够促进经济的发展，有利于维护广大职工的利益，实现社会的稳定与和谐，有利于推动城市化发展与“三农”建设。

二、目前社会保险接续转移中出现的问题及原因

1. 社会保险在接续转移中出现的问题

进入 21 世纪以后，劳动力的流动率不断上升，越来越多的职工在流动时会考虑社保的接续转移问题，在 2000 年以后我国也相继出台了一系列政策，但是在社保的接续转移过程中仍然存在很多问题。

现阶段由于各种原因导致社保转出容易转进难，一些地方出于自身利益考虑，对办理社保接续转移人员设置了很多参保限制条件，导致社保转移接续过程中出现了以下几种常见现象：(1) 非本地区户口人员本地区不接受其社保的接续转移；(2) 由于每个统筹地区管理上的不同，社保接续转移到新地区要按照新地区社保的管理制度来计算缴费年限与金额；(3) 社保转入本地区人员要补交社保中的统筹部分；(4) 社保转入地区进行各种复杂的验证工作，例如缴费年限的计算，且耗时耗力；(5) 转入地口头承诺愿意承接社保的接续转移，但实际采取“搁置”态度，甚至一些地区直接拒绝接受社保的接续转移。这些情况又进一步增加了社保接续转移的难度。

2. 社保接续转移出现问题的原因

(1) 政策层面：政策的宽泛，导致社保资金不可全部转移。进入 21 世纪以后，我国在社保的接续转移方面取得了很大的突破，出台了《中共中央、国务院关于深化医药卫生体制改革的意见》(2009)、《城镇企业职工基本养老保险关系转移接续暂行办法》(2009)、《中华人民共和国社会保险法》(2010) 等法律法规，为解决社保的接续转移问题起到了积极的作用，但在实际操作中仍然存在一些问题。首先，我国出台的很多法律都是框架性的，对社保接续转移只是进行了宽泛的规定，对于一些细致问题并没有做出相关规定，且我国被划分为 2000 多个统筹地区，多是以县市级统筹运行，统筹区域数量较多，那么区域相对来说就比较小，而在每个统筹地区根据国家出台的政策法规又做出相对细致的规定，但每个统筹地区的规定又有一些细微的差别，这些差别对社保接续转移的顺利进行起了消极作用。其次，根据我

国相关法律规定，社保关系跟随职工在统筹地区流动而流动，但是社保中的资金并不能全部转移，公司缴纳的部分除了养老保险可以转移用人单位缴纳的 60％外，其他资金都不能转移，因此职工在流动过程中势必会受到一定的利益损失。

（2）经济层面：经济发展的不平衡。在改革开放以后我国经济飞速发展，取得了举世瞩目的成就。但是我国经济发展是具有地区性的，同一地区城乡之间以及不同地区之间的发展都是有很大区别的。根据国家统计局 2001 年的统计资料显示，当年度我国农民手中真正用来消费的现金只有 1500 元左右，而当年城市居民人均收入是 6860 元，是农民可支配现金的 4.57 倍。而到 2008 年全球经济危机时，城乡居民的绝对差距首次超过了一万元。另外，地区之间的收入差距也在不断扩大，在 1990 年东部、中部、西部的人均 GDP 比例是 1.9∶1.17∶1.0，2002 年扩大到 2.63∶1.26∶1.0，2008 年东部、中部、西部地区人均 GDP 比是 2∶1∶0.86。统筹地区城乡之间以及不同地区之间经济实力差距过大，这在一定程度上也导致了社保统筹层次太低，很大程度上妨碍了社保跨统筹地区的接续转移。

（3）财政方面：各地“分灶吃饭”的财政体系。在我国地方财政一直实行“分灶吃饭”的财政体系，很多地区都是自成体系。首先，中央政府是站在全国的角度来考虑社保问题，但是在这种体制作用下，每个地区都会站在本地区财政的角度上考虑问题，那么各个地区之间社保的接续转移首先在体制上就会有所冲突。其次，各个地区财政要为本地的建设与机关的运转提供费用，而根据国家法律规定，社保资金中除了养老保险中统筹部分的 60％可以转移之外，其他统筹部分是不可以转移的，因此流动人员所要转入的地区的利益势必会受到影响，这在很大程度上影响了社保接续转移的顺利进行。

（4）社保管理系统方面：各地社保管理系统的不统一。我国被划分成 2000 多个统筹地区，每个地区都有自己的社保管理系统。中央政府出台的相关法律法规规定社保随参保人员跨统筹地区转移而转移，也就是说在理论上劳动者在不同地区转移时，社保关系也是随之转移，但是因为各地都有自己的社保管理系统，每个地区的社保管理系统是有差别的，而且各地区的社保管理系统也没有做到互相连接，因此社保管理系统的不统一势必会对社保接续转移的顺利进行起副作用。

（5）微观层面：企业逃避责任与职工对社保的不够了解。除了国家政策、经济、财政方面的原因外，还有企业与职工自身的原因。根据国家相关法律法规规定，企业必须为职工缴纳社保，然而为了节省成本，一些企业以各种理由和借口拒绝为员工缴纳社保，例如某些企业通过直接补给员工部分现金来替代为职工缴纳社保，一些企业甚至只招收不要求缴纳社保的员工。

另外，很多职工法律意识薄弱，对国家在社保接续转移方面的政策不了解；同时也有部分员工只考虑眼前利益，希望直接收取本应用来缴纳社保的现金来增加现阶段的资金收入或者是因为养老金缺口问题不断被提出，因此要求企业直接发放现金而不用缴纳社保。这些情况在一定程度上都妨碍了社保的接续转移的发展。

三、确保社保顺利接续转移的对策建议

1. 出台辅助性政策并对统筹地区做出相应调整

首先，在框架性政策的基础上，出台一些辅助性政策，对框架性政策做出补充，对国内普遍存在的问题做出相关规定，例如对社保转移人员去掉对户口的要求，只要与本地区内的公司签订劳动合同就承接其社保，允许其社保进行接续转移；来自不同统筹地区的流动人员其社保缴费年限与金额以其缴纳地区记录为准，不对其缴纳年限与金额按本地区管理制度进行重新核算；在社保接续转移中不能进行转移的统筹部分，不再要求流动人员补交，并承接其社保的接续转移；在承接转入社保时要尽快帮助流动人员办理，对不必要的验证过程不应重复验证或直接省略；对于符合条件的转入者要尽快帮其办理转入手续，不得无故推迟甚至“搁置”，更不得无故拒绝承接转入者社保；制订顾客评价制度，每次服务结束均要求来人对本次服务质量、速度与态度等各个方面进行打分评价，上级领导对评价结果定时检查，并对服务不满意的来人进行电话回访，确认服务不满意之处，然后对服务人员进行严肃处理，以防此类事件再次出现；建立意见箱、咨询电话以及投诉电话，对于来访者提出的问题及时做出回答。

其次，现阶段国内存在2000多个统筹地区，而且大部分是县市级统筹，可见统筹地区数量太多，统筹区域相对较小，因此应该扩大统筹区域，减少统筹地区数量。我国可以首先将县级统筹地区扩大到市级，然后由市级扩大到省级，最终实现全国的统一。

2. 加快中西部地区的发展

我国应该在加快发展东部沿海的同时加大对中西部的支持与投入，促进中西部经济的发展。加大中西部开发力度，积极促进西部大开发与中部崛起，充分利用中西部的优势，积极引导东部企业去中西部进行投资发展，对在中西部投资者给予一定的优惠；充分发挥东部优势，带动中西部发展，最

终实现东部持续快速发展，中西部加速发展态势。

3. 统一支配各地区财政

减少统筹地区扩大统筹区域面积的同时减少“锅灶”，实现“国家统一支配、各省自行安排”。即在扩大统筹地区的同时将每个扩大后的统筹地区作为一个“财政单位”，而各统筹单位的财政最终受省级财政单位的支配，而各个省级财政单位由中央统一支配。每年中央通过对各省级单位社保资金“进与出”的对比，实现各个省区资金的合理有效调配，然后各个省区根据本省各地区社保的实际情况进一步调节社保金。

4. 加强各地区社保管理系统的连接

减少各个统筹地区的管理系统的差异，同时努力加强各个地区管理系统的联系，使统筹地区在“系统空间”上不断扩大。

5. 加强对各企业的监督及对劳动者的教育

政府制定出来的法律法规主要是理论上的，只有在实践中才能不断改进与完善。社保的接续转移不仅需要理论支持，同时也需要广大劳动者实际检验，根据劳动者在实际操作中遇到的问题来不断改进政策。因此，就要加强对企业的监督与对劳动者的教育。

社保部门不定期地对本地区公司抽查社保缴纳情况，对未给职工缴纳社保的公司进行严厉处罚，不仅要强制其在给定时间内补齐未缴纳的社保金，而且要求其从公司财务中拨出一定数额资金作为社保缴纳保险金，随后五年内若再次出现不交或者晚交，则扣除其社保缴纳保险金缴纳社保，并加倍处罚。

努力加强我国广大职工的法律教育特别是加强对来自农村的劳动力的教育，增强流动人员社保接续转移的意识，并提高流动人员用法律武器维护自身利益的能力；对于出现的问题，例如社保资金出现空缺的情况及时进行解释并提出解决方法；加大社保重要性的宣传，提高流动人员对社保接续转移的主动性。

四、结语

进入21世纪以后，我国的经济得到了进一步的发展，与此同时职工的流动率也不断上升。2014年众达朴信管理咨询公司公布的零售百货与物流行业离职率数据如下：2012年零售百货、物流的离职率分别是30.7%、27.7%，而到2013年零售百货、物流离职率分别是35.6%、30.2%，由以上数据可见，离职率在快速增长，这也意味着劳动者流动率也在快速增加。

另外，我国已在1999年提前进入了人口老龄化社会，据统计，我国在2004年年底60岁以上人口达1.43亿，占总人口的10.97%。在2010年第六次人口普查中，我国60岁以上人数达到1.78亿，占总人口的13.26%。

劳动者流动率上升与人口老龄化都迫切需要我国在社保的接续转移上做出更大的努力。若社保接续转移问题没有得到很好的解决，势必会影响我国经济发展，且会增加我国社会的养老负担。可见社保接续转移问题的解决是实现中国梦的需要，是建设社会主义和谐社会的需要，做好这一工作可促进我国经济持续快速发展，最终实现“老有所终，壮有所用，幼有所长，鳏寡孤独废疾者，皆有所养”。

（作者单位：北京物资学院劳动科学与法律学院）

参考文献

[1] 李顺明，杨清源．构建和谐社会进程中社会保险关系接续转移问题研究［J］．社会保障研究，2008（1）．

[2] 刘彦忠，王之云，张继春．社会保险关系转移接续问题研究［J］．社会保障研究，2008（1）．

[3] 熊寿伟，刘颖颖，李明刚．实现流动就业人员社会保险跨地接续的对策研究［J］．劳动保障世界（理论版），2009（11）．

[4] 杨风寿．我国社会保险关系转移和接续问题研究［J］．中国人口·资源与环境，2010（1）．

[5] 刁春燕．有关我国社会保险关系转移接续问题的分析与探讨［J］．现代经济信息，2012．

[6] 赵美艳．浅析完善社保转移接续促进人力资源流动的意义［J］．现代经济信息，2014（2）．

论北京市社会救助政策的改革

——以福利经济学为视角

栗智慧*

内容提要： 社会救助是在公民因各种原因导致难以维持最低生活水平时，由国家和社会按照法定的程序给予款物接济和服务，以使其生活得到基本保障的制度。目前，北京市共有40万人左右享受城乡居民最低生活保障待遇，另有相当一批生活在“低保线”边缘的低收入家庭和灾民等特殊对象，这是社会救助的主体。现有的以城乡居民最低生活保障为主的社会救助制度在保障低收入群体的基本生活方面发挥了重要作用。不过，随着社会的发展，社会救助制度面临着许多新情况、新问题，这些都需要进一步研究和完善。本文以福利经济学思想为视角，对社会救助政策的改革进行分析。

关键词： 社会救助　福利经济学　北京市　政策改革

福利经济学是一门研究如何增进社会福利的西方经济学分支，主要研究如何进行资源配置以提高效率、如何进行收入分配以实现公平以及如何进行集体选择以增进社会福利。社会救助是社会保障的重要子系统，对解决贫困人口的基本生活问题以及维护社会稳定、促进经济发展至关重要。社会救助是指公民因各种原因导致难以维持最低生活水平时，由国家和社会按照法定的程序给予款物接济和服务，以使其生活得到基本保障的制度。一个真正具有生命力的制度不仅仅要求技术设计完美无缺，更重要的是我们还需要把握住它的思想来源和精神基础。社会救助制度从福利经济学的角度来说，就是要在公平和效益的博弈中最大限度地改善穷人福利的问题。

一、社会救助制度的福利经济学解释

从福利经济学的发展历史来看，新旧福利经济学的差别不在于结论而在

* 栗智慧，河南林州人，硕士研究生，研究方向为社会保障。

于分析工具的不同，旧福利经济学即是以基数效用论为分析工具，而新福利经济学则是以序数效用论作为分析工具，两派一直都以追求福利的最大化为目标，围绕着公平和效率两大主题展开论战。福利经济学在长期发展过程中形成的一些基本精神，如社会中的贫困者需要救助、公民的生存与发展该有所保障等，也为社会救助制度的存在及不断完善提供了理论支持和可操作的建议。

1. 旧福利经济学思想与社会救助

庇古的福利经济学采用了边际效用分析法，在理论上论证了社会救助在增进一国福利方面的作用，其收入均等化、国家干预论等观点及转移支付主张，对世界各国以社会公平为出发点、实行有利于穷人的社会救助政策具有相当大的影响。在现代社会中，尤其是在经济、社会转型的变革时期，从总体上看，在造成贫困的原因中社会因素大于个人因素，所以，对于国家和社会来说，社会救助是其不容推卸的社会责任，社会救助制度通常被视为纯粹的政府行为，是一种完全由政府运作的、最基本的再分配或转移支付制度。因此，社会救助是每个公民应该享有的受法律保护的基本权利，受助者不应该受到任何歧视和惩罚。此外，庇古还对穷人享受富人转移的福利提出了一些原则要求，他认为，不论是直接转移收入还是间接转移收入措施，都要防止懒惰和浪费，以便做到投资于福利事业的收益大于投资于机器的收益。庇古反对对穷人实行无条件的补贴，认为最好的补贴是那种“能够激励工作和储蓄”的补贴，在实行补贴时应有以下条件：即先确定受补者有自己挣得生活费用的能力，再给予补贴。否则，就会使某些有工作能力的人完全依靠救济。这些原则也是各国在设计社会救助制度和对传统社会救济措施进行改革时所追求的目标，为了防止养懒汉，社会救助制度提供的仅仅是满足最低生活需要的资金和实物，采用“需经家庭经济调查”的资格审查手段，审核申请救助的公民及其家庭的经济收入是否低于贫困线，使真正有需要的公民得到政府的救助，将有限的资源用到最需要的人身上而不被滥用。

2. 新福利经济学思想与社会救助

新福利经济学更多是关于效率问题的研究，但它与强调公平分配的社会救助不矛盾，而且新福利经济学能从更为宏观的角度为社会救助提供理论支撑。它以效率为目标，从宏观经济稳定和经济增长的角度来研究社会救助问题，进一步揭示了社会救助政策的经济意义。由于价值规律的作用及资源的稀缺性，在市场经济进程中及社会转型变革时期产生了收入分配不公、贫富两极分化、贫穷等社会现象，并且市场在资源配置上强调物资资源的配置，而忽视了人力资源的配置，社会救助作为一种补救模式与手段是对帕累托最优状态的一种改进，可以弥补市场分配的缺陷，提供安全稳定的保障机制，对摆脱贫穷进行帮助。同时社会救助对提高经济效益起独特的作用，“是从人力资本数量和质量两个方面来保障对经济发展必要的要素投入，是更宏观的意义上促进人力资源的有效配置”❶。因此，社会救助制度不仅有助于实现收入再分配中的公平问题，还有助于提高经济发展中的效率问题。

另外，新福利经济学同样支持社会救助制度的设立应防止“养懒汉”的思想和国家应当承担社会救助责任的思想。根据序数效用论，救助对象是否愿意退出社会救助，取决于救助对象退出社会救助前后所能得到福利的比较，如果救助对象参加就业后并不能增加其福利或只能增加很少的福利，就会大大挫伤他们参加工作的积极性。因此，社会救助制度的设计应能防止受助者形成长期福利依赖的思想，鼓励受助者自立。补偿原理认为，在市场机制的作用下，会出现一方得利、一方受损的现象，因而，国家应通过赋税政策来予以调节，从受益者那里取走一部分补偿受损者。社会福利函数理论也认为，要使社会福利最大化，政府应当保证个人可自由选择进入“合理的”收入分配。因此，补偿原理和社会福利函数理论均为国家通过经济干预措施来获得社会救助的资金提供了理论依据。

3. 阿马蒂亚·森的福利经济思想与社会救助

根据阿马蒂亚·森对新福利经济学的发展，他提出自己的新理论，不仅可以分析出传统社会救助的缺陷，而且能为社会救助制度的改革提出新的原则。森认为传统的贫困指数（以一国处于贫困线以下的人口份额作为衡量指标）仅仅反映了多数人生活状态的平均数，忽视了贫穷群体内部的不同贫困程度和福利分配的状态，难以科学地反映许多人仍然一贫如洗的事实。根据森的见解，传统的社会救助制度是“使一定的资源像经过漏斗一样进行分配”的制度❷，既没有实现资源的有效配置，也没有遵循福利最大化的分配原则。因为，这种制度针对的是所有生活在贫困线以下的穷人，但是最贫穷的穷人却无法从中收益。导致这种结果的主要原因是福利扩散了，而对最悲惨的特殊群体的救助却远远不足，因而，应该实行具有“选择性”和“瞄准性”的救助政策，对贫困进行更为直接的打击。由于消除贫困是社会救助的根本目标，而贫困的显著表现是收入的缺乏，因此以往消除贫困的社会救助政策也主要体现为各种形式的现金收入再分配，这种做法仅仅保障了救助对象的生存。现实中，贫困者的问题不仅仅是收入低下，他们还可能面临“许

---

❶ 曾昭宁：《公平与效率》，石油大学出版社 1994 年版，第 281 页。

❷ 穆怀中：《社会保障国际比较》，中国劳动社会保障出版社 2002 年版，第 344 页。

多其他的问题：一定程度上失去了决策自由，丧失了其他人可以享受的一些机会，包括经济和参与社会活动的机会；由于长期脱离工作造成技术生疏和信心低下；体弱多病甚至死亡；丧失积极性；人际关系及家庭生活损失；社会价值与责任感下降；等等”❶。而社会参与能力的下降实际构成了社会排斥，并有可能陷入长久的恶性循环。现金收入再分配只能维持现状，而不能打破贫穷的循环。因而，十分有必要区别收入贫困与能力贫困的差异，将社会救助的目标从克服收入贫困上升到消除能力贫困，救助与发展相结合，提升救助对象的社会参与能力，协助他们自立、自强，最终消除社会排斥，实现社会整合。

二、北京市社会救助制度的现状及其发展

近年来，我国社会救助不断发展，社会救助制度不断完善。20 世纪 50 年代中期后，我国广大农村地区实行了合作化，农民的生老病死都依靠集体经济组织来给予保障，其中包括“五保户”制度。城市居民基本上被安排在全民所有制企业和集体所有制企业就业，在计划经济体制下，城市居民的生活有一定程度的保障。但自 20 世纪 90 年代以来，中国城镇发生了突发性、大规模的“下岗潮”和“失业潮”，形成了严峻的“城市新贫困现象”。据估算，2000 年全国下岗、失业人员的总数约为 1350 万人❷。城市贫困问题直接推动了社会救助政策的转型，“建立城市居民最低生活保障制度的初衷，是运用规范化的保障措施达到真正保障贫困人口基本生活的目的”❸。

北京市作为我国的政治和经济中心，在社会救助方面也走到了全国的前列，但是还存在问题。长期以来，与全国大多数地区一样，北京市实行的是典型的补缺型社会福利制度，社会福利被分割为城市职工的单位福利（职工福利）、民政（社会）福利和以农村集体经济为基础的农村社会福利三部分。三者之间缺乏协调性和稳定性，形成了三个彼此封闭的、隔离的体系。一是城市单位福利。在计划经济体制下，我国实行的是“高就业、低收入”的就业政策。由于社会公共福利的缺失，由企事业单位为职工提供医疗、养老、各种生活福利乃至住房、教育等完善的福利待遇。城市单位福利虽具有高福

---

❶ 李秉勤，John G. Pinel：“社会政策的经济学基础能力、贫困、社会排斥及福利”，载中国社会学网。

❷ 郑功成等：《中国社会保障：制度变迁与评估》，中国人民大学出版社 2002 年版，第 215 页。

❸ 多吉才让：《中国最低生活保障制度的研究与实践》，人民出版社 2001 年版，第 108 页。

利、普遍化的特征，但以城镇劳动者就业为前提。二是民政（社会）福利。新中国成立初期，社会福利和社会救济结合在一起，统称“社会救济福利”，主要任务是解决旧社会遗留下来的大量流离失所、无依无靠、饥寒交迫的鳏寡孤独人员、残疾者、失业人员等的社会救济、生活和收容安置问题。至20世纪50年代以后，社会福利才与社会救济分流发展，逐步形成了以“三无”（无依无靠、无家可归、无生活来源）老人、儿童、残疾人、精神病患者为主要对象的社会福利体系。三是农村社会福利。农村社会福利以没有家庭或失去家庭（即无依无靠、无家可归、无生活来源）为前提，享受对象主要是孤老残幼和失去劳动能力的人。因此绝大多数农村社会成员与农村社会福利无缘，享受不到社会福利，而只有极少数符合条件的“五保”对象才能享受到社会福利待遇，享受“五保”待遇和进入农村的敬老院等福利机构。[1]

改革开放以来，特别是近年来，为适应经济社会体制改革需要，北京市积极推进社会福利制度改革，初步形成了以就业保障、生活保障、养老福利、医疗福利、教育福利和住房福利等制度为主要内容的新型社会福利体系框架，社会福利水平大幅提高。1996年7月，北京市确立城市居民最低生活保障制度。随后，又相继建立了粮油帮困、医疗救助、住房救助、教育救助、司法救助、城市流浪乞讨救助、应急救助和灾害救助等一系列制度，并建立了最低生活保障标准动态调整机制。2002年4月，市政府批转市民政局《关于建立和实施农村居民最低生活保障制度的意见》，将最低生活保障制度全面推向农村。2009年4月末，北京市共有城市低保户73 577个，146 013人；农村低保户42 100个，78 321人；农村五保户4476个，4675人。月计划支出城乡低保金、农村五保供养金分别为5161.7万元、1194.1万元和134.1万元[2]。事实表明，面对大量存在的社会贫困问题，社会救助因其救助方式的直接性和针对性，实际上扮演了比社会保险更为重要的角色，成为现代社会保障体系中的基础性制度安排。

1985年，北京市开始实行农村五保供养制度，由农村经济组织负责供养。2000年，北京市出台《北京市实施〈城市居民最低生活保障条例〉办法》，规定凡持有本市非农业户口的城市居民，共同生活的家庭成员月人均收入低于本市当年城市最低生活保障标准的，可以申请享受本市最低生活保

[1] “北京市社会福利制度体系建设”，载 http://www.bjmzj.gov.cn/news/root/llyj/2011-10/101726.shtml?NODE_ID=root&CLASS_ID=llyj，访问时间：2015年5月10日。

[2] 数据来源：民政部网站《2009年4月份民政部统计月报》。

障待遇。目前城市低保标准为每人每月430元。2002年以来，北京市依照城市低保制度，先后发布《关于建立和实施农村居民最低生活保障制度的意见》《关于建立本市农村居民最低生活保障标准调整机制的意见》，以及《关于建立农村低保分类救助制度的通知》，建立了包括基本生活、医疗、教育、住房、就业、司法等方面的社会救助制度体系。北京市建立了农村低保制度，凡具有本市正式农业户口，家庭年人均收入低于户籍所在地区县当年低保标准的农村居民均属保障范围。同时，实施农村低保分类救助制度，对农村低保对象中没有劳动能力的重残人按城市低保待遇给予救助。积极推进城乡低保制度并轨，朝阳、海淀、丰台等区率先实现城乡低保标准并轨。2003年，成立市、区两级救助事务管理机构，对街头流浪乞讨人员进行救助帮扶，流浪乞讨人员救助实现了从强制收容遣送向自愿关爱救助转变。2005年，北京市发布《关于推进城乡社会救助体系建设的意见》，明确“本市社会救助工作实行各级政府负责制，市民政局负责本市社会救助工作的统筹规划、综合管理、信息统计和对外发布”。2005年，北京市成立由主管副市长担任组长的北京市社会救助体系建设领导小组，由25个部、委、办、局组成，辅之以社会救助工作联席会议制度，负责全市救助工作。2008年，北京市出台《北京市实施〈农村五保供养工作条例〉办法》，规定具有本市农业户口的老年、残疾或者未满16周岁的居民，无劳动能力、无生活来源又无法定赡养、抚养、扶养义务人，或者其法定赡养、抚养、扶养义务人无赡养、抚养、扶养能力的，享受农村五保供养待遇，并将农村五保供养资金列入财政预算，供养标准不得低于区、县农村居民的平均生活水平。对遭受地震、洪水、旱灾、台风、冰雪等自然灾害的群众提供住宿、衣被、饮用水、食物等基本生活必需品及一定的灾害补助金。此外，还有丧葬经费补助制度。出台城乡无丧葬补助居民丧葬补贴办法，城乡居民同等享受5000元丧葬补助。全面实施“零百千万”殡仪服务工程，为群众提供优质殡仪服务。建成首家城市公益性公墓，对低保对象、重点优抚对象实行免费安葬，对其他市民实行低偿服务。[1] 按照“十一五”规划，到2010年北京市养老床位总数可达5万张，但与占总人口4%的老人希望集中养老相比，缺口仍然很大。当然，这种情况也在逐步得到改变。如2008年，北京市财政投入13.4亿元，让55.9万名60岁以上的城乡无社会保障老年人享受每月200元的福利金；投入2亿元，保障老年人享受文化娱乐、卫生服务、居家养老福利服

---

[1] “北京市社会福利制度体系建设”，载 http：//www.bjmzj.gov.cn/news/root/llyj/2011-10/101726.shtml? NODE_ID=root& CLASS_ID=llyj，访问时间：2015年5月10日。

务等优待。2009年开始实施福利机构孤残儿童成年后安置办法，按照每人15万元的标准，解决他们的住房、就业和社会保障问题。

当前，北京市进入一个新的历史起点，以城乡居民最低生活保障为基础的社会救助也将进入转型发展和制度建构的深入发展阶段。目前的问题是，伴随着一系列政策法规的出台和覆盖面的不断扩大，社会救助政策的应急性、零散性和分割性的问题日益凸显出来，一定程度上形成重复保障和救助盲点并存的局面，造成效率的损失、资源的浪费和新的社会不公问题。2005年北京市政府下发《关于推进城乡社会救助体系建设的意见》，强调加强各种救助项目的“有机衔接、相互协调”，加快“构建体系完整、制度统一、覆盖城乡的社会救助体系”。为了适应当前首都经济社会发展，进一步强化社会救助政策的部门衔接、制度衔接和城乡衔接，放大社会救助乃至整个社会保障体系的综合制度效应，近几年来，北京市建立“一老一小”医疗保险，农村合作医疗全面推进。如何本着“先保险、后救助”的原则，在资助低保对象参保参合的基础上，搞好医疗救助与保险的制度衔接，是当前北京市社会救助改革发展的一项现实而紧迫的重要课题。

根据北京市历年统计年鉴，笔者整理出了近十多年来北京市基本居民生活保障和救助情况（见表1、表2）：

表1　北京市历年参加社会保障情况（2001～2013年）　单位：万人

年份	参加基本养老保险人数	参加基本医疗保险人数	参加失业保险人数	参加工伤保险人数	参加生育保险人数	城市居民最低生活保障人数	农村最低生活保障人数
2001	425.9	210.2	287.2	212.7		7.6	1.8
2002	436.2	353.8	299.5	221.0		12.0	5.4
2003	448.5	436.1	306.6	242.9		16.1	6.7
2004	460.0	484.0	308.0	259.0		16.1	7.5
2005	520.0	574.8	394.6	328.9	226.1	15.5	7.8
2006	604.1	679.5	482.2	465.3	263.3	15.2	7.6
2007	671.7	783.0	535.3	609.2	290.6	14.8	7.8
2008	758.1	871.0	614.3	666.5	324.1	14.5	7.9
2009	827.7	938.4	675.7	747.1	346.8	14.7	8.0
2010	982.5	1063.7	774.2	823.8	372.2	13.7	7.7
2011	1091.9	1188.0	881.0	862.4	395.3	11.7	7.0
2012	1206.4	1279.7	1006.7	897.2	844.7	11.0	6.3
2013	1311.3	1354.8	1025.1	920.3	883.2	10.4	6.0

资料来源：北京市统计局网站。

表 2　北京市社会优抚及救助情况（2007～2013 年）　　单位：人

项　　目	2013	2012	2011	2010	2009	2008	2007
抚恤、补助优抚对象总人数	43 427	42 556	40 621	23 378	23 373	23 288	23 021
定期抚恤人数	1775	1829	2171	2021	2096	2203	2302
定期补助人数	30 477	29 816	27 448	10 583	10 588	10 405	10 013
伤残人数	11 175	10 911	11 002	10 774	10 689	10 680	10 706
医疗救助人次数	143 196	112 925	85 420	43 340	24 387	20 217	13 038
城市医疗救助人次数	81 730	80 534	34 474	26 791	18 626	17 352	12 827
农村医疗救助人次数	61 466	32 391	50 946	16 549	5761	2865	211
社会救助对象总人数	167 333	176 825	191 567	218 589	231 877	228 152	229 935
城市居民最低生活保障人数	103 682	109 743	117 286	137 024	147 142	145 075	147 576
农村居民最低生活保障人数	59 575	62 979	70 146	76 955	79 821	78 789	77 818
农村五保供养人数	4076	4103	4135	4610	4914	4288	4541
农村集中五保供养人数	2039	2097	2146	2365	2596	2457	2691
农村分散五保供养人数	2037	2006	1989	2245	2318	1831	1850

资料来源：北京市统计局网站。

从表 1、表 2 可以看出，近年来，北京市在社会保障和社会救助等社会福利有很大改善和发展（见表 3）。

表 3　社会保障相关待遇标准　　单位：元/月

指　　标	2013 年	2012 年
失业保险金最低标准	892	842
城市居民最低生活保障标准	580	520
职工最低工资标准	1400	1260

2013 年年末北京市参加基本养老、基本医疗、失业、工伤和生育保险人数分别为 1311.3 万人、1354.8 万人、1025.1 万人、920.3 万人和 883.2 万人，分别比上年年末增加 104.9 万人、75 万人、18.4 万人、23.1 万人和 38.5 万人。年末参加城乡居民养老保险人数 180.1 万人，其中农村居民参保人数 168.7 万人，比上年年末增加 1.7 万人。年末参加新型农村合作医疗的人数达到 254.3 万人，参合率为 98%。

全市享受城市居民最低生活保障的人数为10.4万人，享受农村居民最低生活保障的人数为6万人。

此外，在2007年北京市委市政府为建立起具有首都特色的较完善的社会救助体系，北京市政协社会和法制委员会、民建北京市委、民进北京市委、农工党北京市委组成联合调查组，对北京市社会救助体系开展调查研究，结果如下：

通过对享受低保待遇、未享受低保待遇及刚刚“脱离贫困”等三类1928户城乡低收入家庭进行问卷调查、入户走访以及抽样调查，初步摸清了北京市低收入家庭的基本特点：家庭成员文化程度普遍偏低、专业技能低、残疾人比例高、住房条件较差。

低收入家庭的收入来源主要是城市低保金，其次是主业的月收入和退休金，其他方面的收入所占份额较小。低收入家庭的年人均支出2782元，是北京市居民家庭年人均支出的三分之一。从户均和人均的支出情况看，医药费和教育费是家庭支出的两个重头。在贫困家庭的医药费支出中，自费支付比例为75.1%，而公费医疗、劳保医疗、大病统筹、商业性医疗保险、合作医疗等医疗保障仅占24.9%。而在教育中，相当多的贫困家庭虽有实际困难，但考虑到孩子的感受而隐瞒实际情况，不愿向学校申请教育救助。

低收入家庭成员就业能力低，只有25%左右的被访者处于就业状态。失业、下岗、长期病休、提前内退等情况所占比例很高，共计54.43%，这是导致家庭收入低的直接原因。

调查对象中，有近八成的受访贫困家庭目前正在享受最低生活保障金，其中74.5%的家庭是在近两年内开始享受低保待遇的。除最低生活保障外，他们对各项救助方式和优惠政策的了解程度不高，有54.25%的低收入家庭认为，医疗费减免这项优惠政策应该享受但没有享受到。

总体来看，北京市低收入家庭生活质量和抗风险能力低、残疾人比例高、医疗和教育费用负担重，多数低收入家庭靠自身的努力难以摆脱困境，一些特殊困难家庭需要长期救助。

三、北京市社会救助存在的主要问题

北京市社会救助制度以城乡居民最低生活保障为主，住房、医疗、教育和社会互助等措施相配套，基本涵盖了社会救助的各方面，对保障低收入家庭的基本生活起到了重要作用。不过，作为一个完整的制度体系，现行的社会救助制度还存在政策法规体系不健全、管理体制不顺畅、社会力量没有充分发挥、基层机构和队伍薄弱等问题。

目前的救助政策，除城市居民最低生活保障制度有政府规章外，其他大多属于部门文件，尚未形成一个关于社会救助工作系统的、统一的规定，致使社会救助制度的整体性和协调性差。医疗、教育、临时救助等存在一定的薄弱环节，如医疗救助，目前仅城镇居民最低生活保障对象中就有 9.8 万多人没有参加基本医疗保险和建立医疗关系。地区经济发展水平、地区居民收入以及劳动力市场价格的差异、家庭结构类型以及救助对象困难程度的差异，在救助标准的设定上没有被合理地体现出来。收入核实工作缺乏有力的政策支持，人户分离现象又给家庭经济收入和就业状况的调查核实及救助管理带来很大困难。救助与就业良性互动机制有待建立，就业在救助中的作用需要进一步发挥。

目前的社会救助运行机制还不完善，监督机制、评估机制尚未健全。与经济发展、消费水平相适应的财力保障机制还需要进一步理顺。致力于社会公益事业的社会团体力量薄弱，培育发展志愿者服务的潜力有待进一步挖掘，工会、妇联、残联等群众性团体在社会救助中的作用需要加强。社会救助应与社区建设、社区服务有机结合，充分发挥社区资源在社会救助中的作用，临时救助制度需要尽快建立起来，基层社会救助工作力需要充实和提高。

四、健全完善社会救助体系的对策建议

1. 完善社会救助政策，加快社会救助工作地方立法步伐

要从立法上健全社会救助制度，对各级人民政府在社会救助中的基本职责予以明确，进一步突出社会救助工作在政府工作中的重要性。此外，通过立法来规范社会救助秩序，特别是对各类需要救助的人员进行严格界定，真正为需要救助的人群提供生活上必要的帮助和便利。可以由民政部门牵头起草相关文件，全面规范社会救助事业所涉及的各种社会关系。另外，对在各类自然灾害中受到损失的情形需要出台统一法律，包括统一灾害救助标准、规范灾害救助行为，防止出现各种虚报灾情、扩大损失以及救灾物资不到位等问题。

对现有的、分散的社会救助政策进行整合，在制度层面搭建起统一协调、相对科学规范的体系框架。在政府规章和立法中，进一步明确社会救助的基本宗旨、内容、标准、资金来源渠道及救助的方式、程序等。整个制度框架应该以最低生活保障制度为基础，医疗、住房、教育、就业、法律等专

项救助为重点，社会互助、临时救助相配套，以优抚对象，残疾人、灾民等特定对象救助为特殊形式。

针对现行救助政策实施过程中出现的新情况、新问题以及工作中的薄弱环节，完善现有的具体救助政策和措施，其中包括：加大教育、医疗等救助工作力度。尽快建立家庭经济收入申报和审查制度；对人户分离的对象实行“双重管理”制度，建立就业帮扶机制，积极鼓励低保对象就业，认真贯彻落实《城市生活无着的流浪乞讨人员救助管理办法》等。

2. 理顺社会救助工作的管理体制和运行机制

加大政府对社会救助工作的领导力度。从社会救助的长远发展目标出发，建立一个与市场经济发展和社会进步相适应的、相协调的、统一的、强有力的社会救助工作管理机构。在低保联席会议制度的基础上，建立社会救助工作联席会议制度。在政府法令中进一步明确相关政府部门的职责和任务，加强各项社会救助政策落实的监督检查力度。

强化街道（乡镇）的综合救助职能。进一步明确街道（乡镇）对基层社会救助工作的综合管理职能，各部门和社会各界的救助款物应由街道（乡镇）负责合理调配发放。街道（乡镇）应及时汇总掌握救助对象和救助工作的情况，从而形成各业务部门政策指导、街道（乡镇）具体落实的管理体制。

加强社会救助工作的规范化管理。要进一步推进“一人一卡”管理和属地管理制度。在救助标准与救助对象上，要加强动态管理，即低保标准调整后，其他救助标准随之按比例联动调整，随着救助对象家庭经济收入的变化相应增、减、停发待遇，做到救助对象进出渠道畅通。进一步加强定期复审和不定期的检查，实行社会救助的社会化管理，积极探索社会救助资金社会化发放的有效途径。

健全社会监督机制。加强社会救助政策的宣传，主动接受社会各界尤其是人大代表、政协委员、新闻媒体的监督，对反映的问题及时处理和改进；发挥群众团体、专业人士和社会知名人士等的作用；完善定期入户走访制度、社区各项救助制度。

建立起多渠道、稳定增长的社会救助资金筹措机制。根据社会救助工作的实际，市、区县政府财政应按实际需要将城乡居民最低生活保障等救助经费列入每年的财政预算。每年在预算中列出一定比例的灾害储备金、临时救助资金。发掘社会力盘，拓宽救助资金筹措渠道，强化资金运作与管理的制度，确保资金的安全。

3. 利用社会力量，动员社会力量推进社会互助和社会服务

发挥公益性社团组织的作用。建立政府政策扶持和激励机制，使慈善活动在社会监督、公开审计的制度规范下，积极参与推动社会互助事业的发展。继续扩大社会福利彩票发行销售，广泛募集社会资金，支持社会救助事业的发展。

开展社会服务，满足困难群体的特殊需要。动员开展法律援助服务，通过法律途径确保困难群体的基本生活权益、倡导社区邻里互助。发展壮大社会志愿者队伍，为特殊群体提供更多的咨询、关怀、照料和服务。建立和规范义工（志愿者）制度，使其活动逐步走向规范化、制度化、社会化。利用社区的文化、教育、卫生等资源，完善社会公共服务网络，提高社区全体居民的生活质量。发挥工会、共青团、妇联、残联等群众团体和组织的作用，多方面、多途径地解决特殊群体的困难。

加强基层社会救助工作机构、队伍和社会救助信息网络建设，充实基层社会救助工作的力量，街道（乡镇）社会保障所按一定比例核定社会救助专职干部的编制数，所需人员经费和工作经费纳入各级财政预算。居（村）委会受街道办事处、乡镇政府的委托，协助做好社会救助的有关工作，鼓励和支持高等院校毕业生到基层从事社会救助、社区服务等工作。

对基层社会救助工作人员进行业务培训，强化职业道德教育，提高他们掌握政策和运用政策的能力和水平。积极发展社会工作教育，培养专业化人才。加强社会救助信息网络建设，在社区服务信息网和城市低保信息管理系统的基础上，建立一个功能齐全、信息共享度高、规范透明的社会救助信息网络，加快信息网络的数据采集、管理、分析等工作，尽快实现网络化管理。

4. 强化内外衔接，确保制度统一

按照构建制度完整、功能配套的社会救助制度建设目标，强化低保与医疗救助、教育救助、住房救助、法律救助等专项救助，以及临时救助、灾害救助等制度的衔接与配套，加强社会救助与社会保险、社会福利、社会慈善等制度衔接，集成和放大社会救助，乃至社会保障体系的综合制度解困效应。

首先，社会救助是建构在底线公平基础上的基本生存权和发展权的综合性保障。最低生活保障制度要由其他各项救助制度来配合和补充，而其他各项救助制度需要把最低生活保障制度作为基础。这一特点决定了最低生活保障制度在整个社会救助体系中的核心和基础作用。在确定救助标准和实施范围方面，要避免单项救助或优惠政策与低保资格的直接挂钩，而是根据每个

单项制度的具体情况，确定各自的标准和范围，同时积极地开展低保边缘户的针对性救助，实施阶梯式救助，缩小和弱化社会救助的“悬崖效应”。其次，强化社会救助体系外部政策整合。立足适度“普惠型”社会保障框架体系，重新对社会救助功能定位和职责范围进行梳理，逐步退出一些与社会救助自身职能不相吻合的领域，专注于社会救助的“兜底”保障职能。比如，随着农村经济发展和养老保险制度的趋于完善，农村五保供养将会转化为社会福利和社会养老保险问题；随着义务教育制度的完善，教育救助的重点将会转向非义务教育阶段；随着城乡医疗保险的日臻完善，医疗救助将转变为经过医疗保险承保后仍难以承受个人费用支出并造成暂时贫困的人群。其他如住房救助、残疾人救助、灾害救助等，也必须重新进行功能定位和作相应的制度调整。在实施社会救助过程中，始终要做到最低生活保障标准与最低工资标准、最低退休金标准、失业保险金最低标准协调一致，科学对接。

5. 完善相应的司法救济途径和受救助人员相关的规章制度

保障受救助人员的合法权利，政府应当转变在社会救助问题上恩赐的心态为服务的精神。将社会救助作为现代法治政府的一项基本管理职责。

在明确受救助人员相关的权利基础之上，也要确立受救助人员应当承担必要的法律义务和责任，防范救助政策被少数人钻空子。

要进行一系列相关的配套制度的改革，进一步缩小社会的贫富差距，防止社会分化的进一步加剧。通过调节社会不同阶层的收入差距，来缓解社会贫困人口的贫困生活状况。以社会救助事业为线索，建立社会不同阶层之间的互助关系。

社会救助体系建设是一项复杂的系统工程，必须在遵循社会救助基本规律的前提下，按照与时俱进、与经济和社会发展同步的原则，整体规划，协调推进，这样才能构筑起一个法制健全、政策完备、机构合理、管理科学、运行高效，具有首都特点的现代社会救助体系。通过北京市的情况分析，也可以对我国的总体情况进行了解。现阶段我国社会救助制度的目标应界定为兼顾收入安全和社会公平，要体现“以人为本”，有利于社会和谐。在救助责任上，政府应该充分承担对最困难的社会群体进行救助和提供服务的责任，同时，鼓励富人和社会团体的慈善行为，在财富总量不变的情况下，增加社会总福利。在救助理念上，应强调责任和权利的基本对等，对受助对象增加工作要求，防止福利依赖。在救助方式上，不仅要转变社会救助就是一次性或几次性现金帮困的陈旧观念，更应体现对受助对象“能力”和“机会”扩展的帮助，“机会”扩展可以解决我国当前劳动力数量过多而造成的贫困，“能力”扩展可以解决劳动力质量低下而造成的贫困。我国当前的经济发展水平决定了我国可用于救助的资源是有限的，因此在救助对象资格的确定上应具有“选择性”和“目标性”，在制度的输送渠道上要防止救助资源分散甚至流失。

社会救助制度改革的历程，从福利经济学的角度来说，其实就是如何处理政府与市场、公平与效率关系问题及如何实现社会福利最大化的问题，改革的推进过程也是对福利经济学认识的不断深化过程。目前对我国社会救助制度改革的研究在数量上有所增加。但是，对这一制度的研究却还不够。面对现阶段依然严峻的贫困及贫富差距问题和社会救助制度自身尚存在的缺陷，社会救助制度改革要从福利经济学思想中汲取营养，为我国建立新的社会救助制度提供精神基础，使我国的社会救助制度真正具有生命力。

（作者单位：北京物资学院劳动科学与法律学院）

参考文献

[1] 姚明霞．西方福利经济学的沉浮 [J]．当代经济研究，2001 (4).

[2] 任保平．当代西方社会保障经济理论的演变及其评析 [J]．陕西师范大学学报（哲学社会科学版），2001 (2).

[3] 黄晨熹，王大奔，邱世昌，蔡敏．让就业有利可图——完善上海城市最低生活保障制度研究 [J]．市场与人口分析，2005 (3).

[4] 谭兵．社会救助的理念与功效——关于香港综援制度与内地低保制度的思考 [J]．广东社会科学，2005 (3).

[5] 陈银娥．现代社会的福利制度 [M]．北京：经济科学出版社，2000.

[6] 井润生．西方福利经济学的发展演变 [J]．石家庄经济学院学报，2001 (6).

劳动与社会保障专业大学生社会调查改革与实践

李燕荣　米　峙*

内容提要：社会调查活动的客观真实性及科学有效性，和劳动与社会保障专业学科特征具有高度的契合度，社会调查在劳动与社会保障专业教学中具有不可替代的作用。在专业教学与实践中，将社会调查课程和社会调查实践纳入专业人才培养方案，进行全程指导式教学，加强专业社会调查实践教学环节，开展多样化社会调查活动，发挥教师的专业技能和奉献精神，是有效地开展专业大学生社会调查实践活动的保证。

关键词：社会调查　创新　劳动与社会保障专业

我国《高等教育法》规定："高等学校的任务是培养具有创新精神和实践能力的高级专门人才。"大学生通过参加专业相关的社会调查，在整个实践活动中发现问题、分析问题进而采用有效方法和途径去解决问题，将有助于大学生养成严谨求实的科学作风、勇于探索和积极进取的精神，并进一步开阔大学生的视野，增强其敢于攻坚、勇于攀登的自信心，自然而然地促进创新精神和实践能力的养成。本文基于笔者多年来主讲《社会调查方法》课程和组织大学生参加社会调查的经验，尝试探析社会调查在劳动与社会保障专业教育教学中的作用以及如何组织和指导大学生开展社会调查活动。

一、社会调查在劳动与社会保障专业教育中的作用

1. 开展社会调查是劳动与社会保障专业的必然要求

作为社会学研究的方法之一，社会调查主要是通过实地工作取得第一手

---

* 李燕荣，山东定陶人，副教授，研究方向为劳动与社会保障。米峙，内蒙古人，博士，研究方向为老年人口学、社会调查方法。

的定量或定性资料，用以说明或解释相关的社会事实（陈婴婴，2007）。大学生要进行社会调查，要学会科学抽样、自主设计调查工具、实地实施调查、汇总分析数据（或资料）和撰写调查报告，并在调查过程中强化专业知识。社会调查可以帮助学生提高对社会问题的感性认识，增强学生学习的方向性和目标性。而且，大学生通过参与调查，其综合分析能力、组织协作能力和创新能力都能得到明显提升，对于提高他们的专业素养和就业能力，具有重要的现实意义。快速发展的社会经济一刻也离不开真实、准确、完整、及时的社会信息，社会调查作为一种搜集和处理社会信息的方法，在现代社会中越来越显示出其重要性。社会调查的客观真实性和科学有效性使得社会调查活动成为理论与实践相结合的最好活动过程。

劳动与社会保障专业（以下简称劳社专业）是一个新兴的专业。1998年教育部颁布的《普通高等学校本科专业目录》增设了劳动与社会保障专业，目前全国有125所高校开办本科专业。我校的劳社专业于2001年开始招生，已连续招生14年。在学科专业目录上，劳社专业是管理学门类的公共管理类专业，是集经济学、管理学、社会学、法学等于一体的交叉、融合性边缘学科，学科的综合性特征明显，其自身的发展需要更多相关学科和专业知识的支撑，同时本专业是应我国经济与社会的快速发展需求而产生的一门应用性较强的专业。在中国历史上，再也没有任何一个时代像现在这样使劳动就业、社会保障成为举国上下乃至许多西方国家和国际组织都十分关注的领域。处于社会经济快速转型期的中国，就业总量压力和结构性矛盾并存，大学生、农民工等重点群体就业问题突出，社会保障体系需要进一步加强公平性、适应流动性、保证可持续性，需要促进人才队伍建设和高层次创新型人才的成长，需要完善选人、用人机制及评价机制，需要健全工资正常增长机制和支付保障机制，需要完善劳动关系协调机制、纠纷调处机制和劳动监察执法机制。人力资源和社会保障的现实领域需要大量熟悉政策、精通业务、掌握技术的劳动与社会保障专门人才投身于事业建设中，而且所需专业人才除了具有专门知识和技能外，还要有非常鲜明的“以人为本”的关怀精神，要全面了解和多接触社会，熟练掌握劳动与社会保障领域的法律法规，进而有激情、热心地提供专业化服务（李燕荣等，2008）。专业的实践性离不开理论和实践的互动，学生不应该仅仅局限于书本的学习，仅仅局限于在课堂和院校当中学习，而应该到实践当中去，通过管理实践和接触社会来学习。多年的教育教学改革工作显示，社会调查在高校劳社专业教育中具有其他实践教学形式不可比拟的教育和锻炼作用，社会调查天然的实践性与劳社专业的综合性和实践性特征高度契合，所以说，在劳社专业教育教学中引入社会调查活动，是劳社专业建设的必然要求。

2. 社会调查是提高专业大学生创新能力的现实渠道

创新是一个民族进步的灵魂，是一个国家兴旺发达的不竭动力。创新型国家的建设离不开高等教育，高校肩负着为创新型国家培养创新型人才的使命。大学生创新能力的高低，不仅关系着学生个人的发展，更关系着国家命运的兴衰。接受本科教育的大学生正值独立性、创造意识快速发展的时期，这一时期是培养创新意识和创新能力的关键时期。但大学生创新教育不是口号，创新需要多方面的知识和能力、科学的态度、求实的精神和坚韧不拔的毅力。当今教育模式下，大学生日常的学习和实践基本上是验证性的活动，而让大学生通过参与真正的社会调查活动，在整个活动中发现问题、采用有效的方法和途径去解决问题，社会调查在引导大学生向社会学习、开阔视野、提高分析、认识及解决问题的能力等方面具有其他实践形式不可比拟的教育和锻炼意义。劳社专业的社会调查所涉及的课题和范畴极为广泛，学生要面对不同的情况、不同的调查对象，还要有针对性地、有一定策略地解决各种问题，处理好相应的关系和事件，所有这些将有利于培养学生作为一个独立主体发现问题、解决问题的意识和能力，并能够帮助他们发现自身知识结构的不足，然后转过头来自主学习、弥补不足、完善自我，同时还可能帮助他们发现自己的潜能和优势，学会从“人的全面发展”的角度反身自我，进而注重自我的个性和特长的培育。无论是从时间、客观条件还是实践活动的受众面和接触面上看，社会调查是提高专业大学生创新能力的现实途径。

3. 社会调查有助于大学生调整和完善知识结构

一个人的知识由两方面构成，一方面是从书本中、从传闻中获得的间接经验，另一方面是个体自身直接从感性活动中得来的经验知识，即所谓的直接经验。“行万里路，读万卷书”，生活阅历和书本知识对于一个人的成长具有同样的重要性。大学生的知识库中有 90%属于间接经验。爱因斯坦曾经说过：“通过专业知识教育，他可以成为一个有用的工具，但是不可能成为和谐发展的人。”大学里的学习，特别是人文社会科学的学习，应该特别强调更多地面向社会和认识社会。大学生要自觉地调整知识构成，其途径之一就是积极有效地开展社会调查活动，在实际运用中消化已学的知识，加强理论知识与社会生活的联系。真实的观察和经验，会触发他们对抽象理论的反思，形成自己的体会和心得。生活日新月异，当今社会需要大学生和实际的社会生活相接触。中国的社会变化太快了、太大了，课堂上讲授的书本知识，常常跟不上这种变化，还有，受高考制度的影响，我们的大学生基本上是“从校门到校门”，其书本考试能力强，实际观察能力弱，大学生当务之急应更多地了解我们身处的这个社会，尤其是结合校内专业所学的知识和理论，运用科学严谨的社会调查深入地探询专业领域内的现象、问题和发展规律。在劳社专业教育中，学生应结合专业所学的劳动经济、人力资源管理、社会保障等理论和知识，进行专题性调查，加深理解力和检验度，从而使自己找到自己业务上的差距和不足，激发学习的热情，调整和完善自己的知识结构，正所谓“纸上得来终觉浅，绝知此事要躬行”。

4. 社会调查是大学生思想政治教育的有效途径

大学阶段是世界观、人生观、价值观形成、确立、稳定的关键时期。社会调查拉近了学生与社会的距离，使学生充分地了解社会，从而有助于大学生理解前进中的问题，正确看待社会和人生。学生从现实的生活中受到启发和教育，自觉不自觉地进行横向和纵向比较，增强客观认识自我的能力，并关心别人、社会和国家，进一步清晰自己的前进方向，这一切都对成长大有益处。教育部《关于进一步加强和改进大学生社会实践的意见》指出，大学生要深入开展社会调查。“高校要加强对大学生社会调查的选题、途径、过程的管理和指导，开设社会调查课程或讲座，帮助大学生正确认识社会现象，掌握科学研究方法，提高分析问题和解决问题的能力，努力把握事物的本质和规律。本、专科生和研究生在校期间每人至少要开展一次社会调查，写出一篇较高质量的社会调查报告。”尤其是，对于独生子女占大多数的90后大学生们来说，其自我控制和承受逆境的能力较差，如何面对竞争、面对压力、快速适应变化是人才成长中面临的客观问题。社会调查使大学生借助社会的大课堂，主动投身于社会、接触社会、了解社会、认识社会，不断培养自己的应变能力，加快自我的“社会化”进程。并且，社会调查需要调查者实事求是、坚持不懈、客观公允、乐观向上，所有这些是课本上所不能完全学到的。而且一项调查往往需要多人协作完成，共同调查中的团队协作精神的养成是水到渠成的。亲自参与调查的全过程，面对的是复杂的、个性化特征明显的鲜活的人和事，需要调查者的全身心投入，交流过程中大学生要学会很多的沟通和交流的技巧和方法，包括合适的表达、得体的举止和承担事的胆量和气魄。德谟克利特曾经说过：“智慧有三个结果：一是思考周到，二是语言得体，三是行动公正。”社会调查中的历练是多方面的。

二、从课内到课外：劳动与社会保障专业大学生社会调查实践

社会调查是一种科学的认识方法和工作方法，社会调查的实施需要扎实

的专业功底和技术能力。劳社专业培养的专门人才应该能适应社会主义现代化建设需要，具有创新意识和开拓精神，具有良好的职业道德，熟练掌握劳动与社会保障管理理论知识和技能，充分了解劳动力市场机制，能在企业、人力资源与社会保障部门及各种组织中从事社会保障、人力资源管理工作的应用型、复合型劳动与社会保障事业管理。本着既不失学科和专业的基础性规范，又突显应用型人才的培养特色，我们在劳社专业建设中制订了理论与实践教学紧密联系的专业人才培养方案、摸索出“边学边干、边干边学”的《社会调查》教学模式、编制了社会调查为主要内容的专业实践教学大纲和大学生社会调查指导组织流程，开展了多样化的社会调查实践方式，形成了以社会调查为特色的大学生科研创新和实践周训练方式等，探索出了社会调查这一有效的实践教学方式。近几年，劳社专业学生的 19 项社会调查成果在第三、第四、第五届“挑战杯”首都大学生课外学术科技作品竞赛、学校大学生优秀科研论文比赛和“赛 N 思”杯大学生课外学术科技作品竞赛等活动中大面积获奖，9 份调查报告先后公开发表，更为重要的是，社会调查技术的扎实掌握使毕业生驾轻就熟地把这种可迁移能力运用到现实的管理工作中，可就业能力得到显著提升。

1. 将社会调查纳入劳社专业人才培养方案

劳社专业教育经过多年的持续改革和发展，追求理论教学与实践教学的紧密结合。社会调查技能不可能一蹴而就，需要系统的学习和真实的训练。在劳社专业培养方案中，《社会调查方法》作为专业课程置入其中，在授课中全面系统地讲授《社会调查方法》的一般原理、社会调查研究的阶段、社会调查研究方法、信息资料的汇总与分析和社会调研报告的撰写等基础，摸索出“边学边干，边干边学”全程指导式社会调查教学模式，即在讲授和学习的同时，按照社会调查的流程，分阶段全程指导学生在课余时间进行 6～9 人的团队专题社会调查，在调研选题、方案设计、实地调查、报告撰写等环节特别加强个别指导和团体指导，确保社会调查技术的掌握和运用。在此过程中，师生在相互促进中共同学习和进步，学生的沟通能力、团队合作能力、创新能力、学习与思考能力、应变能力乃至于吃苦耐劳的作风和积极进取意识都得到明显提高，社会调查技能的掌握也为下一阶段专业课程的学习和未来的管理工作奠定了基础。本课程计 2 学分，16 学时，开设在第三学期。同时与本课程有关的上下位课程还有《社会学》《统计学》《文献检索与学术论文写作》，这样的安排进一步提升了社会调查学习的深度及严谨性、规范性。

2. 建立以社会调查为特色的专业实践教学体系

实践教学是高等学校整个教学过程的重要组成部分，是提高大学生实践能力和创新能力的重要手段。经过几年的探索，我们在专业人才培养中建立、健全了包括社会调查实践、文献综述训练等在内的劳社专业实践教学体系，其中社会调查安排在大二下学期（第4学期，2周时间）进行，并编写了社会调查实践教学大纲和活动安排、制订了《学生社会调查实践实施方案》《学生社会调查实践工作流程》，编写了社会调查专题辅导手册，开展了社会调查报告的撰写、社会调查问卷设计、实地调查的策略与技巧等社会调查专题讲座等。实践周内的社会调查，我们鼓励指导教师发挥专业知识和调查技能的特长，从选题、文献检索、调查方案设计、调查工具使用、调查实施和调查数据汇总分析、调查报告撰写等环节鼓励学生共同参与，重在培养、训练学生观察社会、认识社会以及提高学生分析问题、解决问题、适应社会能力，尤其锻炼、提高学生了解专业领域热点问题、尝试运用专业技能和专业方法思考、解决专业领域问题的能力。如在实践周中，组织劳社专业学生进行“大学生就业意愿的调查”、“大学生兼职状况的调查”、“专业毕业生就业状况的调查”，分别建立了样本总量为1130、1060和873样本量的数据库。大型专业性的社会调查帮助学生进一步巩固了对社会调查技能与专业理论知识的掌握和运用，拓宽了学生与社会的接触面，提高了实践教学的效果。

3. 围绕社会调查进行教育教学改革研究

成功组织学生进行社会调查是一项系统工程。围绕“社会调查”、“实践教学”、“专业建设”等，我们踏实深入地开展了多项教育教学改革研究，先后完成了“《社会调查》与大学生社会实践”、“管理类本科毕业论文写作规范研究”、“劳动与社会保障专业实践教学研究”、“以就业为导向的劳动与社会保障专业建设研究”、“劳动与社会保障专业人才培养方案优化研究”、“《社会调查方法》课堂教学改革研究——兼谈与大学生科研创新计划相结合的教学模式”、“学生主体性教学策略研究”等项目。科研为教学服务，围绕社会调查进行的一系列教育教学改革使得教育教学中对社会调查课程、社会调查实践教学环节和课外社会调查科研活动能准确定位和完善科学流程，确保专业人才培养质量的持续提升。

4. 开展多样化社会调查实践活动

结合课堂教学和第二课堂活动的开展，成功地摸索出了多样化的社会调查实践方式，鼓励学生积极参与，倡导学生主动创新。如指导学生以“社会调查”为方法的大学生科研创新活动，参加首都大学生“挑战杯”科技创新大赛、学校科研学术论文大赛、学校大学生暑期社会实践活动、学校“赛N思”杯大学生课外学术科技作品竞赛，吸收学生参加有关教师的科研项目，鼓励学生撰写基于实地调查一手数据的毕业论文。而且，我们所开展的调查主题主要基于专业问题的调研，如“贫困农村如何养老—关于金山村的调查”、“北京市一老一小医疗保险制度实施情况调查研究”、“北京市空巢老人状况调查研究”、“关于北京市城市与农村老年人生活状况的调查”、“北京市通州区农村社会保障发展状况调查”、“北京市公益性岗位从业人群就业状况的调研究”、“北京市义工发展状况的调研”等。同时，学生还在老师带领下接受社会委托进行有关市场调查，并与专业对口的政府机关、企事业单位建立长期的合作关系，承担有关调研任务，利用假期组织学生参加专项社会调查活动等，逐步形成了社会调查实践教学活动的课题化、项目化、规范化和长效化。

5. *充分发挥教师的专业技能和奉献精神*

教师对社会调查活动的悉心指导是大学生社会调查高起点、上水平的关键因素。大学生虽然具有敏捷的思维、丰富的灵感和创新的潜能，但对于社会调查的原理和方法不熟练，专业教师在专业理论、调查研究方面具有扎实的功底，教师通过专业课程的讲授、学术专题报告会或科研活动，引领大学生对专业学术前沿和研究方法的重视，指导学生参加教师的科研活动或自主研究，和学生一起讨论研究中遇到的问题和解决的方案。通过一系列科研启蒙教育方式，提高学生对科学研究的认知程度。所以说，在专业社会调查实践中组建一支调查技能过硬、有热心、有奉献精神的专业教师队伍尤其重要。

另外，学校对社会调查实践的重视非常重要，尤其是创造条件组织大学生专业大型社会调查、鼓励教师用心投入到组织和指导学生开展社会调查，并给大学生创造锻炼和展示科研能力的舞台，让学生置身于百家争鸣、“实践出真知”的良好气氛中，逐步强化大学生的创新意识和创新能力。

三、结论

《国家中长期教育改革和发展规划纲要（2010—2020年）》强调指出，高等教育要“支持学生参与科学研究，强化实践教学环节”，“没有调查就没有发言权”。社会调查实践的客观真实性和科学有效性与劳动与社会保障专业学科性质具有高度的契合度，从课内到课外，扎实的“边学边干，边干边学”的授课方式、精心的专业实践教学设计和专业教师的潜心投入，使得社会调查成为劳动与社会保障专业建设中较为有效的、可行的实践教学方式。“腿上沾满多少泥土，心中就能收获多少芳香”，脚踏实地的社会调查将进一步增强当代大学生的历史使命感和社会责任感。

（作者单位：北京物资学院劳动科学与法律学院）

参考文献

［1］邵燕芬．以社会调查提升大学社科类专业的创新能力［J］．黑河学刊，2011（2）．
［2］王玉玫，李晨光．劳动与社会保障专业和优势学科交叉发展的问题研究——基于中央财经大学的实践［J］．中国大学教学，2011（1）．
［3］水延凯．社会调查教程［M］．北京：人民大学出版社，2011．
［4］王俊燕．协同学习与现代社会调查方法教学［J］．山东师范大学学报（人文社会科学版），2011（5）．
［5］李燕荣，唐昭．劳动与社会保障专业实践教学体系的构建［J］．职业时空，2009（8）．
［6］陈婴婴．改革开放以来中国社会调查的进展［J］．中国社会科学院研究生院学报，2007（4）．
［7］李岩．社会调查与大学生综合能力的培养［J］．山西高等学校社会科学学报，2001（9）．
［8］张子菁，顾群玉等．对大学生调查研究能力的培养必须引起重视［J］．南京人口管理干部学院学报，2001（2）．